超楽《スーパーらく》仕事術

ラクに速く最高の
結果を出す
「新しい働き方」

レイ法律事務所 代表弁護士
佐藤大和

水王舎

はじめに
生き方をもっとラクにする新しい働き方

⏮「友情」「努力」「勝利」

現代の日本人は働き過ぎだと言われています。

多くの人たちは会社に時間を奪われながらも歯を食いしばり、ストレスを感じたとしてもそれを当たり前だと思い、生きるため、会社のため、恋人・家族のためと、いろいろと理由をつけて仕事を頑張ろうします。しかし、その結果、心と身体に負荷をかけ過ぎてしまい、疲労しているように思います。

それは果たして幸せなことでしょうか?

僕は『少年ジャンプ』の愛読者なので「**友情**」「**努力**」「**勝利**」という言葉が大好きです。だから根性で「努力」し、成功という「勝利」を収めることは素晴らしいと思っています。しかし、ただ無理をするだけの努力では心も身体もダメージを受けるだけです。

もちろん、「仕事が人生の全てだ」という人はいるでしょう。でも、働き方や考え方、時間の使い方をちょっとだけ変えることによって、仕事に縛られず自分の時間を確保しながら、いくらでもラクをして、楽しみながらでも結果を出すことができるのです。

例えば、近年、注目を浴びている加圧トレーニングというものがあります。マンガ『巨人の星』の星飛雄馬は一生懸命にタイヤを引いて走って筋肉をつけていました。ところが、加圧トレーニングでは短い時間に最小の労力で大きな筋肉を得ることができます。

このようにスポーツやダイエット、医療の分野などでは、効率的な手段が次々と生みだされています。それと同じように生き方にもラクで楽しめる生き方があるのです。

⏮のび太くんといい勝負？　ダメダメな子ども時代

僕は宮城県石巻市という地方の出身で、貧乏な高卒一家に生まれ育ちました。

おまけに僕自身は小学校5年生まで九九もできないという、物覚えの悪い子どもでした。

中学ではそこそこ頑張ったのですが、高校では校内模試で学年ビリにまでなり、大学に進学したいと担任の先生に進路相談したら**「夢は寝てから見るものだ」**と言われ、クラスメートたちの前でバカにされるような子どもでした。

高校3年生のときから茶髪にし、気付けば金髪にまでなっていました。またその頃は、人前で話すことも下手だし、スポーツも恋愛もすべて苦手。おまけに背も低いという、何の取り柄もないダメダメ人間でした。こんなんだから卑屈で性格も良くなく、自己中心的な考え方をしていました。本当にマンガに『ドラえもん』の登場人物であるのび太くんのようなダメダメな少年だったのです。

それでも、二浪の末、やっとのことで大学に入ることができました。大学時代から努力を重ね、いまでは弁護士になり、法律事務所の経営者となり、従業員の数も順調に増えています。事務所は設立から、わずか3年で日本のトップ5％に入る規模にまで成長させることができました。

弁護士としても経営者としても、ある程度の成功を収めていると自負しています。自著を出版し、テレビのレギュラー番組もあり、多くのメディアにも出演させていただいています。

ダメダメな子ども時代からここまで活躍できるようになったのは、僕が常に「結果」を出してきたからだと思います。しかも、単に「結果」を出し続けてきたわけではありません。その背景に「**いかにラクをするか**」「**いかに楽しむか**」ということをとことん考えてきたということがあるからです。

⏮「ラク」をして「楽しむ」ことが大事

世の中には「**悪いラクのしかた**」と「**良いラクのしかた**」があります。

悪いラクのしかたというのは、「不平・不満」ばかりを言って何もしないで生きていくことです。そんな人は他人の足を引っ張ってばかりで、周りに迷惑をかけます。

一方で、良いラクのしかたというのは、人生を楽しみながらも効率よく仕事をこなし、ムリのない生き方をして、**自分も大切な人も、そして会社までも笑顔にする**ことです。

良いラクのしかたをしている人は働いている時間を大事にし、同じくプライベートな時間も大事にします。原則として労働時間は労働基準法で1日8時間、週40時間と決まっていますが、1日、1~2時間だけの労働であっても100%、200%の結果が出せるのであれば、それでよいと僕は思っています。ラクをしながら、そして楽しみながらも、短い時間で、小さな労力で大きな結果を出すことができる人が良いラクのしかたをしている人です。

このように**他人よりラクをして、他人よりも楽しみながら少ない労力で最高の結果を生み出す**。それが僕のいう「**超楽**《スーパーらく》」**仕事術**であり、**新しい働き方**です。

いまはどのようなきれいごとを言っても競争社会の世の中です。だからこそ、自分の時間を確保し、笑顔で生きるために、最高の結果を出しながらラクをして、人生を楽しむための働き方をしっかりと学ぶべきだと思います。そして、自分が楽しみながら、最高の結果を出せば、良い形で会社の業績を上げることにも繋がるため、会社にとっても非常に良いことといえます。

本書は、第1章は、人よりも速く結果を出すための「速果術」。第2章は、仕事、そして人生を人よりもラクにする「ラクラク術」。第3章は、人生や仕事を人より楽しくする「楽園術」という構成になっています。**速く結果を出すという視点、ラクにするという視点、楽しくするという視点、この3つの視点を掛け合わせることで「超楽《スーパーらく》」な人生になります。**

本書では、新しい時代の新しい働き方を提唱していきたいと思います。本書を読み、今までの自分の働き方を改革し、自分も大切な人も、そして会社までも笑顔にする働き方を実践してみてください。その瞬間から、あなたの人生が変わっていくでしょう。

なお本書はどこから読んでも楽しめる内容となっております。時間がない方は目次を見て興味があるところから読んでみて下さい。

『超楽《スーパーらく》』仕事術

ラクに速く最高の結果を出す「新しい働き方」

目次

第1章　誰よりも速く結果を出すための「速果術」

第2章 愛されて成果を出す「ラクラク術」

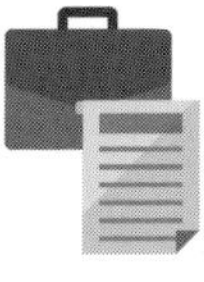

第3章 人生をもっと豊かに楽しむ「楽園術」

第1章

誰よりも速く結果を出すための「速果術」

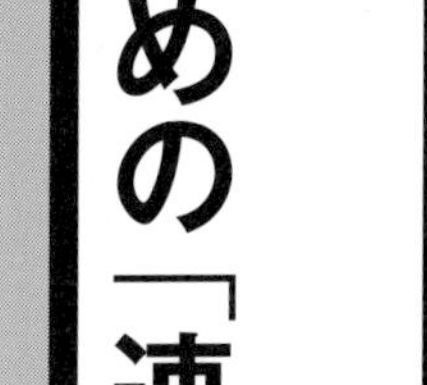

01 大きな目標と小さな目標を立て、信念を持つ

人生において、他人よりもラクをして、他人よりも楽しみながら生きていくためには何が必要でしょうか？

まずは「**結果**」です。結果を出すことが、他人よりもラクをしながら、そして他人よりも人生を楽しむうえで何よりも大事なことです。僕がダメダメな子ども時代からここまで成功してこれたのは、常に結果を出し続けることを意識してきたから、ということが大きいと思っています。

しかし、多くの方々は結果の出し方がわからず、また、効率的に結果を出す方法もわかっていません。

この章では、その「結果を出す方法」について触れていきたいと思います。

人生の航海士を作るべきである

最短で結果を出しながら、自分の人生のゴールを目指すにはどうすればよいのでしょう？
そのためには①大きな目標と②小さな目標を立て、③信念を持つことが大事です。

人生は白地図です。真っ白な地図と一緒なのです。そのなかで多くの人はどこに行けばよいのかわからず、右に行ったり左に行ったり戻ってみたりなどして、迷走を続けています。多くの人は自分にとって何がゴールなのか、どの方向に進めばよいのか、判断は正しいのか、生き方はこれでよいのかと常に迷っています。

もちろん、それが人間の美しさであり、悩むのが人間の良いところでもあります。とはいえ、そこにただ、振り回されて労力や時間を奪われるのはもったいないことです。そして、これではなかなか結果も出せません。

いまや国民的マンガと言ってもいい『ONE　PIECE』という海賊が活躍する物語には、ナミという航海士が登場します。そのナミが「次はどこに行く」とナビゲーションをします。それによって主人公であるルフィたちは大海原のなか、正しい方向に迷わず突き進むことができます。

自分の人生のなかで効率的に進むには、そういった航海士のようなものが必要となります。どこに進むべきかという方向を見据えた方が、結果を出しながら、最短で自分の人生のゴールに効率的に辿り着けます。

そのためには①大きな目標と②小さな目標、そして③自分のコアとなる信念を持つようにすることが大事です。**それが自分の人生にとっての航海士**となります。進むべき方向さえ判断できれば、たとえ白地図であっても、それが荒波の航海であっても、結果を出しながら効率よく進むことができます。ゴールを見つけて進むことができるようになるのです。それが自分の人生において、最短で結果を出すための最善の方法です。

たとえ「くだらない夢」と言われても

新しく弁護士になった人のなかには、司法試験に合格することを目標にしてしまい、合格したその先の目標が見いだせないことがよくあります。

弁護士として何をやりたいのかと聞かれても返答できないのです。弁護士になったことで満足し、弁護士として今後、何を成し遂げればよいのかわからなくなってしまうのです。

弁護士になることは長い人生の上でのひとつの通過点でしかありません。司法試験に合格することは小さい目標としてあってもよいですが、合格したら本来あるべき大きな目標に向けてまた、次の小さな目標を掲げなければいけません。その小さな目標がゴールとなる大きな目標を達成するためのエネルギーとなっていきます。

ここで重要になってくるのが、大きな目標と小さな目標の定め方です。

大きな目標とは自分の実現したい夢であり、最終的な目標でもあります。ところが、多くの方々は「夢はない」「最終的な目標は何も考えていない」と回答します。

確かに夢や、最終的な目標を決めることは難しいことかもしれません。でも、僕は具体的な夢や、最終的な目標がない人はとりあえず**抽象的な夢や願望**でよいと思います。

例えば「幸せになりたい」「モテたい」「お金が欲しい」「孫たちに囲まれて笑顔で死にたい」のような抽象的なものでよいのです。

また、企業は常に利益を追求しています。人も同様に大きな目標を定める際、「自分の利益や欲」をとことん追求すべきだと僕は思っています。

ここでの利益や欲は「お金」だけではありません。「幸せな家庭を作る」こともそうです。「自分の収入を増やす」「趣味に没頭する」「自分のやりたいことをやる」。何でもよいのです。

自分の利益や欲を追求しながら大きな目標として考えることです。そしてその、大きな目標を「具体化」したのが**小さな目標**です。

つまり「具体化」とは大きな目標が「幸せな家庭を作る」なら、そのためにはどうしたらよいのかを考え、こういう人と結婚する↓結婚するために出会いを増やすと、連想ゲーム的に思考することで小さな目標を考えるということです。同じように「自分の収入を増やす」なら、こういった会社に勤める↓勤めるためには自分の強みを作る↓強みを作るために資格を取得する、などとだんだんと小さな目標として具体化して行けばよいのです。

そのひとつひとつの小さな目標が明確であればあるほど、最短で結果を出しやすくなります。そしてそれがやがて大きな結果、大きな目標の実現となって行きます。

僕の大きな目標は「500年後にも残る法律事務所を作る」というものです。他人から見れば馬鹿げた目標だと思います。でも、そういう大きな目標を掲げることによって、自分のやるべきことが明確になります。そのためには事務所の「武器」を明確にするとか、海外にも展開するとか、弁護士や従業員の人数を何人にするとか……そんな小さな目標を作っています。

僕は自分のやりたいことを達成するための目標は無数に設定しています。1日ごとに目標を設定することもあります。どんどん目標を作って毎日クリアすることを心がけています。だからこそ、最短で結果を出せていると思っています。

僕が尊敬している弁護士に「アイドルと結婚する」を目標にしている弁護士もいます。実現するかどうかはわかりません。でも僕は、このような周りから見たら、**「くだらない」と言われるような目標**であってもよいと思っています。

自分の大切にしていることは？

コアとなる信念というは、自分が大切にしているポリシーです。つまり、**どんなことがあっても譲れないもの、また、人生に迷ったときに従う自分のルールです。**それが信念というものです。信念を持つことは、最短で結果を出すためにはとても必要となります。信念がないと悩みだけが多い人生となり、他人にも社会にも振り回されてしまうことになってしまいます。

僕の信念のひとつは「**ワクワクドキドキ**」することです。ワクワクドキドキする生き方をする。ワクワクドキドキしない生き方はしないと決めています。人生の選択に迷ったら「ワクワクドキドキ」する方を選択します。それはどんなに他人から言われても捨てられない僕の生き方です。

ただし、信念はあまり多くない方がよいと思います。信念が多いと自分を縛ることになります。また、信念が自分の未来にとって邪魔になるのなら、自分の信念を修正する柔軟さも大事となります。時には妥協することも大切なことです。

自分の内面と向き合う

重要なのは、目標や信念を考えることによって、自分の内面と向き合うことです。誰かに発表するわけでもないので、きれいごとは捨てて、「女の子にモテたい」とか「大金持ちになる」でもよいと思います。本心ならともかく、きれいごとで「人類を平和にしたい」では、何の原動力にもなりません。原動力にするためには自分の汚い部分や人に言えない部分とも向き合うことが大事です。きれいごとは抜きに考えてみてください。

⏭ 人生のゴールを目指すには

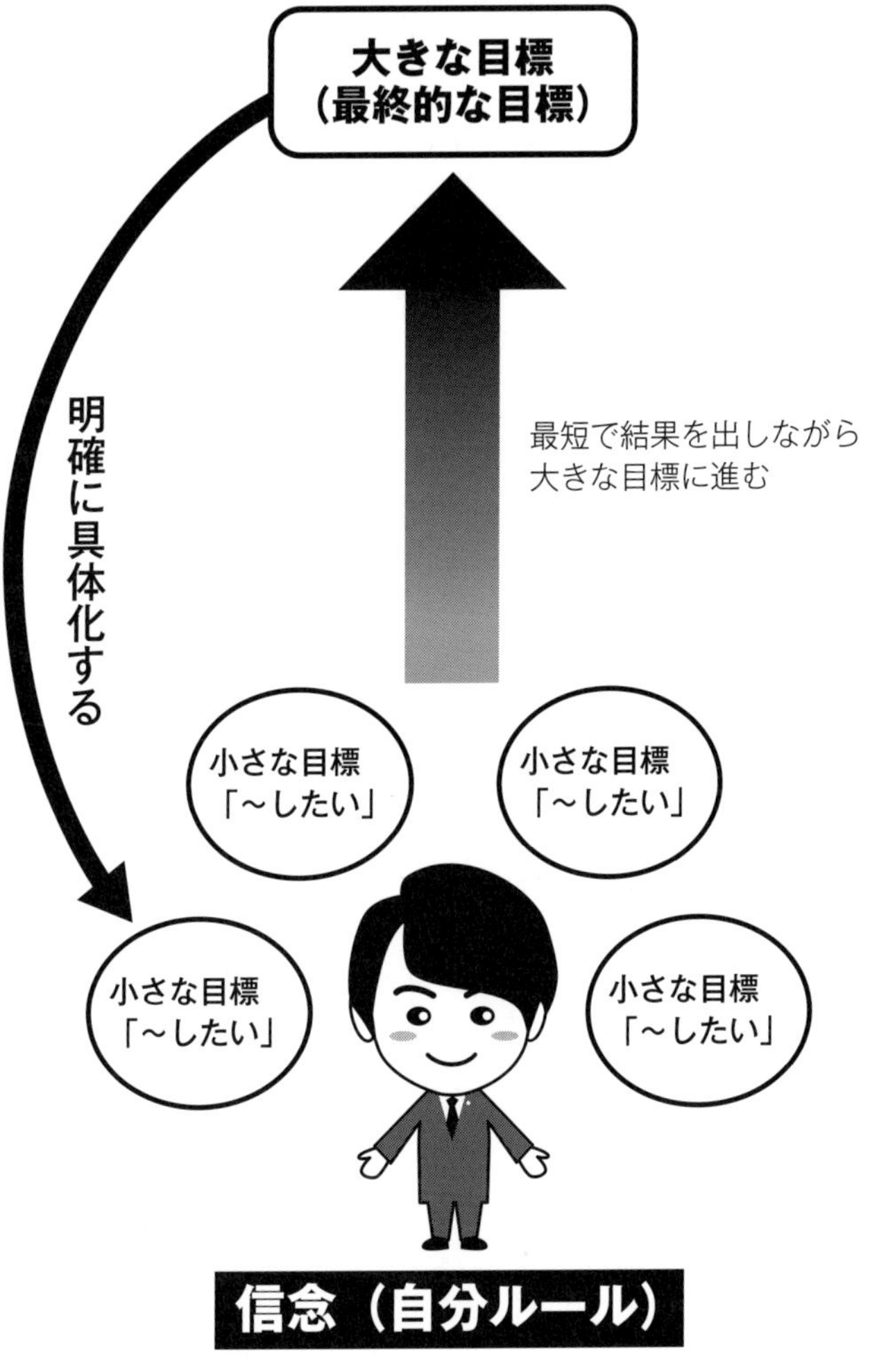

02 凡人の戦略を覚える

グー・チョキ・パー戦略

経営戦略の手法のひとつに『ランチェスター戦略』というものがあります。もともとは、戦争時の戦闘の法則なのですが、企業にとっても役立つ考え方として、今でも企業戦略として活用されています。

端的に言えば、大きな相手に小さな戦力で勝つには一点突破する、という戦略理論です。一点突破することによって大きな相手であっても、戦って勝利することができます。

今の日本は大企業がシェアを独占しており、新規参入はとても困難なのが実情です。新規参入して大企業に勝つには、強みを明確化し、一点突破でシェアを開拓していくか奪い取っていくしか手段はありません。そこから少しずつ拡大していくのです。

これは**グー・チョキ・パー戦略**と呼ばれており、つまりグーでこじ開けて、チョキで切り開き、パーで広げるのです。企業にとって多角化は重要です。しかし、最初から何でも手掛けようとする企業はどれも失敗に終わります。**それは個人でも同じです。**

世の中には天才・秀才がいます。天才・秀才は何をやっても、あらゆる門扉が自動ドアだと言えるでしょう。入り口の前に立つだけでドアは勝手に開いてくれます。しかしこの本を読んでいる人は、失礼な話ですが凡人が多いと思います。もちろん、僕も凡人です（笑）。凡人にはドアは勝手には開いてくれません。自分でこじ開けるしかないのです。

凡人というのは何でもこなそうとして全てが中途半端となり、何も**結果**を出せません。それが凡人といわれる由縁です。だから、結果を出すためには、**生き方にも戦略が必要だ**と僕は思っています。それが「**凡人の戦略**」です。

凡人でも「凡人の戦略」をうまく使えば、天才・秀才より結果を出すことはできます。十分に戦うことができるのです。そして「凡人の戦略」では、①自分の武器をしっかりと持ち、②戦うフィールドを限定する、ということが大事となります。簡単にいえば最初から欲張らないで、一点突破を目指すということです。

⏮自分の武器と戦うフィールド

人類は日本だけでも約1億3000万人、世界では約70億人もいます。そのなかで生き残って結果を出し続けるためには、**自分の武器**は必須です。そして、どんなに小さなフィールドのなかであってでも**オンリーワン**の存在になることが大事です。

僕も約3万8000人もいる弁護士業界というフィールドのなかでオンリーワンにならないと、弁護士として生き残ってはいけません。そして、武器がなければオンリーワンにはなれません。ここで大事なのは「**武器を選択戦略化**」することです。

まず、自分の武器は何なのかを考えてください。英語が武器とか、営業が武器、プレゼンが武器、第一印象のイメージが武器、パソコンの知識が武器など、自分の武器になるものはあるはずです。武器が考えつかない場合、自分のなかで得意なもの、好きなものから武器を作り出します。僕は法律が好きだったので、数年間勉強して「弁護士」つまり、法律の専門家という武器を手に入れました。

ここで大事なのは①**その武器が得意、もしくは好きであること**。②**まわりにその武器を持っ**

ている人が少ないこと、です。得意でない、または好きでなければ、武器を持っても、そもそも長続きはしません。また、周りにすでにその武器を持っている人が多ければ、その武器を持つ「意味」がありません。

すでに専門職についていたり、専門的な仕事をしている場合には、そのなかから、さらに専門分野を作るべきです。

自分の武器を決めたら次は「**一点突破**」を目指します。部署のなかで1番になる。会社のなかで1番になる。業界のなかで1番になる。フィールドを決めてそこで1番を目指すことが大切です。

しかし、最初からあまりにも大きなフィールドで戦おうとすることは、蟻が象に戦いを挑むようなものであり、マンガ『ドラゴンボール』に例えるなら、**少年の孫悟空がいきなり魔人ブウと戦うようなもの**です。会社のなかで英語の1番を目指しても、会社に英語がネイティブな外国人がいれば勝てません。でも、そんな外国人のいない部署のなかで英語の1番になれば、生き残っていくことはできます。

戦うフィールドを絞って、徐々に力と経験を積み重ねながら、少しずつフィールドを広めて、少しずつ結果を出していきます。そうすれば無理な戦いはせずにすみ、最終的な目的へ達成するスピードは格段に速くなります。

三刀流になり、自分のブルーオーシャンを作る

最終的には僕は武器は3つ必要だと思っています。

僕が弁護士になる前、研修先の尊敬する弁護士の先生から「**弁護士になったら3つの武器を身につけなさい**」とアドバイスされたことがあります。「そうすれば、オリジナリティのある弁護士になれる」と。その言葉は今になって身にしみてわかるようになりました。

宮本武蔵は二刀流です。刀がひとつよりもうひとつあることで強くなります。そんな、二刀流にもうひとつの刀を持つことをお勧めします。マンガ『ONE PIECE』のゾロが三刀流です。3つの武器があれば大抵のことには負けるようなことはありません。

経営学には「レッドオーシャン」と「ブルーオーシャン」という言葉があります。簡単にいえばレッドオーシャンは競争者が多く、価格破壊が起きること。ブルーオーシャンはその反対で競争者が少なく、価格破壊が起きないことを指します。

ひとつの分野で勝負しようとして大勢の競争者がいる場合は、それはレッドオーシャンとなってしまいます。例えば、英語ができるだけの人なら世の中にはたくさんいます。それでは競争者も多いため、なかなか結果は出せません。けれど、英語の他にフランス語ができる、さらにアラビア語もできるとなると貴重な存在となります。このようにひとつ目の武器を作っ

たら、2つ目の武器を作り、そして3つ目の武器を作ります。

つまり、「自分だけのオーシャン」を作るのです。

これが自分だけしかいない自分だけのブルーオーシャンとなるのです。

ただし、3つの武器を作る際に気をつけなければならないことがあります。例えば、スポーツ選手で、俳優で、歌手なら、それはオンリーワンの存在となります。とても強いブルーオーシャンになります。しかし、そこまでなるには時間も労力もリスクもあまりにも大きいといえます。

僕の場合、まずは「芸能分野に強い」「男女トラブルに強い」「法教育」とか、今の自分に関連する分野を絞って3つの武器をまず身につけました。

さらに、武器は常に進化させていくのがよいと思います。ゲーム『ドラゴンクエスト』でもレベルが上がるにつれて武器も進化して行きます。それと同じように武器は常にブラッシュアップした方がよいでしょう。そして、3つの武器ができたらそこから広げていけばよいのです。僕は弁護士のほか、経営者、メディア出演という3つの武器を作ったので、さらに次に進化、または拡げていきたいと考えています。

⏭ 凡人の戦略

1　自分の武器を持つ（三刀流）

- 好きなもの得意なものが武器になる
- その武器を持っている人が少ないこと

「3つの武器を持て」

2　戦うフィールドを限定する

- 小さなフィールドで一番になる

3　オンリーワンの存在になる（自分だけのブルーオーシャンを作る）

03 自分の欠点を武器にする

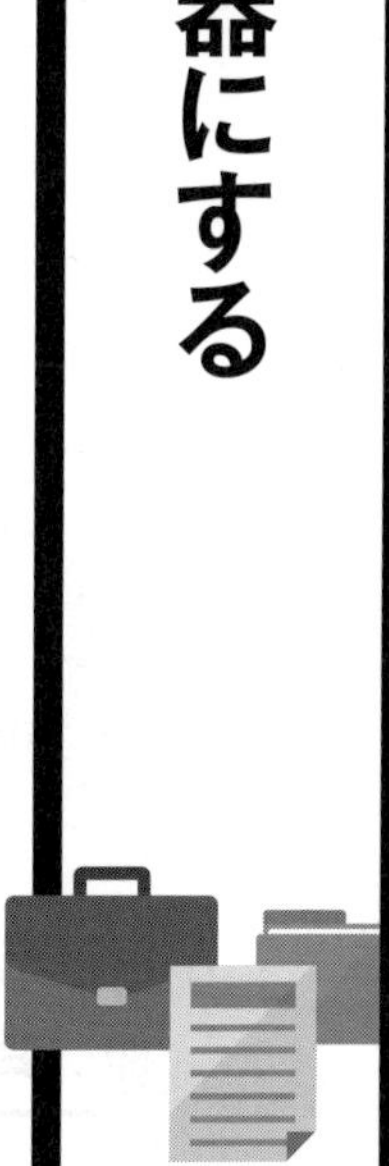

馬鹿とハサミは使いよう

多くの人は「あなたの欠点は何ですか？」と聞かれるとたくさん出てくるのに、「あなたの良いところは？」となると途端に挙げることができなくなります。意外と自分の良いところは自分ではわからないものなのです。

あなたの欠点は何ですか？　顔が童顔、身長が低い、字が下手、人前で話すことが苦手……。でも、それは本当に欠点なのでしょうか？

ある有名な野球選手は、子どもの頃から髪の毛が生えなくて坊主だったそうです。そこであるとき「坊主であることを武器にしよう」と考えたのだそうです。そこに彼の強さがあります。欠点を欠点で終わらせず、笑いへと昇華させ、それを武器にしたと言うのです。僕はその話を聞いたとき**『欠点を武器にできる人間は結果を出せる』**と思いました。

童顔も武器になった

僕は童顔であることが欠点です。普通の人なら欠点ではなくとも、弁護士の世界で童顔は欠点となります。童顔のために何人もの相談者やクライアントが離れていきました（童顔以外の理由もあるかもしれませんが……）。特に相手が経営者だと、童顔の僕は頼りなく見られるようです。見た目が若いというだけで信用されないこともあるのです。弁護士としての能力が同じレベルなら、老けて見える方に仕事は流れていってしまいます。童顔であるということは弁護士にとって、とても不利なことなのです。

しかし、持って生まれた顔形はどうしようもありません。そこで僕は、童顔をどうすれば武器にできるかと考えました。

そのひとつが自分で言うのもなんですが、「若くさわやかな弁護士に見える、ということを武器にする」ということでした。これはテレビでは有利になります。他の弁護士よりもテレビ映えすることが僕にとっての武器となったのです。

また、学校教育の場面にもメリットがありました。子供たちは老けて見える弁護士より、若くさわやかに見える弁護士の方に耳を傾けてくれる傾向があります。

僕の童顔は弁護士としては圧倒的に不利ですが、テレビや学校教育の分野では武器になるのです。その結果、テレビや教育面で「結果」を出すことができました。つまりは、欠点の使い方なのです。まさに諺でもある**「馬鹿とハサミは使いよう」**なのです。

インターネットで検索

ときには自分をイジルことも大事です。僕は背も低いし、女の子のような手をしているので、講演会では「指輪のサイズは女性と同じサイズです」と自分で自分をイジります。字も下手なのですが「字は汚いけれど、サインはカッコよく書く練習をしました」というと笑いが取れます。あと、僕はあがり症で顔がすぐに赤くなるので人前に立つのがとても苦手です。しかも、講演会ではよくテンパります。そんなときは「友達からは『大和がトマトになった』とよく言われます」と顔が赤いことを先に持ちだします。そうすることで僕の赤い顔をヘンだと誰も思わなくなるし、名前を憶えてもくれます。

いまでは僕は自分に欠点はないと思っています。**自分の欠点が笑いになったり武器になったりする分野を探す**、ということをすごく大事にしています。自分を卑下することが一番、よくないことなのです。

多くの人は欠点をどうすれば武器にできるかを分かっていません。実はそれを見つけるのはさほど難しいことではありません。**インターネットで検索**すればよいのです。同じ欠点を持つ人は世のなかに大勢います。そして、その人たちがどのように欠点を活かしているのかも検索すれば簡単に分かります。その方法を真似ればよいのです。

もちろん、自分の長所を探すということも大事です。だけど、欠点を並べる暇があるのなら欠点をプラスに転じるように思考する方が結果を出せるようになります。

また、欠点を欠点と思わず「これが武器なんです」と話すことで次につながります。良い人脈もできます。欠点をマイナス思考で捉える必要はないのです。

他人は宝庫

多くの人は他人と比べて悲観的になります。他人と比べることは大事です。けれど、比べ方が大切です。あの人より英語できないとか、お金がないとか、そういうことで比べても意味はありません。他人を物差しにして比較しても切りがないのです。

それより、**他人を物差し**にして「**これは自分の武器になる**」**と測ること**です。他人と比べて自分のランクを落とすのはナンセンスです。他人と比べて自分にはこれが足りないからそこを磨こうと測ることです。

良い点は真似る。足りない点は努力する。

そういう視点で他人を見ると、他人は宝庫となります。他人を観察することで、自分に足りないところ、努力すべきところが見えてきます。

ファッションセンスの良い人を見たら、その人のファッションセンスを盗めばよいのです。他人の良いところを取って磨けばそれが自分の武器になります。

もっと楽に生きて行けばよいと思います。

⏭ 欠点を武器にする

弁護士としては欠点	これを武器にする
●頼りない	●テレビ映えする
●信用されにくい	●子供たちに受ける

→

↓

テレビや法教育界で結果が出せた！

04 ネガティブに考え、楽観的に動く

戦国時代と変わらない時代。自分が自分の軍師になれ

世の中は競争社会です。常に大小様々な戦いがあります。そういった意味では、戦国時代とそう大きくは変わらないと言えます。

戦国時代では、軍師が戦略を間違えると軍は負け、多くの兵士は死んでしまいます。殿様がミスをすると多くの民に損害を与え、国が滅亡してしまいます。そんな戦国時代では戦略はとても重宝されました。

今も昔と変わらず、戦う前には戦略をしっかりと立てることが大事です。戦略のない戦いは偶然に左右され、負け戦になる確率が高くなります。つまり「結果」を出せないことが多

くなるということです。

やはり戦う以上、勝利して結果を出さなければ意味はありません。そして、その結果が「自分をラクにさせる」「楽しい人生にさせる」ということを自覚しなければなりません。

結果を出すためには、何か行動する前、または何かにチャレンジする前、大事なことをする前、全ての**「行動する前」**に必ず戦略、つまり**「計画」**を立てるようにしてください。

僕は弁護士として今までに非常に多くの破産する人たちを見てきました。聞くと皆さんある程度の計画は立てています。しかし、その計画の多くがざっくりとしたものだったり、内容的にも詰めが甘いものでした。その結果、自転車操業となり、自己破産を選択しなければならない場面に追い込まれるのです。

確かに綿密な計画を立てることは面倒なことかもしれません。しかし、結果が出せないと、さらに面倒を引き起こしてしまいます。そのことで生活を圧迫し、人生を辛くしてしまうことさえあります。結果が出せないと時間も労力も無駄となって消えてしまいます。

だからこそ**結果を出すための「計画」が大事**なのです。

では、結果を出すための「計画」でもっとも大事なことは何でしょうか？　それは、**あら**

ゆるリスクを想定し、リスクヘッジ（リスク回避）をしてから動くことです。「えっ？　計画ってリスクの想定？　リスクヘッジ？」と思われた読者の方もいると思います。

実は、計画の真髄は「**リスクの想定とリスクヘッジ**」にあるのです。

今の時代は戦国時代と違って失敗しても命を失うことはまずありません。取り返しがつきます。たとえ借金しても自己破産することもできます。

それでも、あらゆるリスクを想定して動く方が賢明です。自己破産をするにしても簡単ではありません。大きな労力が伴います。また想定していないリスクや失敗、出来事は精神的な動揺も大きくなり、さらなる大きな失敗につながったり、心に大きなダメージを負ったりすることもあります。

つまり、リスクを想定していないと「**失敗の連鎖**」が起きる可能性があり、最悪の場合やり直しのきかない事態になることもあるのです。またリスクヘッジをすることで失敗の連鎖をできるだけ防ぐことができます。そうすればまたチャレンジすることもできます。そして、リスク管理ができているからこそ、力強い一歩を踏み出せ、結果を呼び込めるのです。一つでも多くのリスクを回避できれば自然と結果につながります。

もちろん、どんなに努力しても最後に運に見放されて失敗することもあります。しかし、運に頼るのではなく、結果を出すためにリスクの想定とリスクヘッジを核として進めるべきなのです。

⏮ 背水の陣なんて甘い考え

では、どのようにリスクを想定すればよいのでしょうか？

僕は何か行動を起こす場合は、とことんネガティブに考えてから取りかかります。また物事はそう簡単に上手く運ばないと考えています。そして基本的に人は信用しないようにしています。

ただし、誤解がないように言っておくと、僕は人が好きです。人は裏切らないと思っています。しかし、計画するときには裏切られることも想定しておくようにしているということです。そうでないと、万一、裏切られたときにすべての計画が破綻してしまい、計画を1から立て直したり、違う方向にずれてしまうこともありえるからです。なので、**とことんネガティブに考える**のです。そうすることで、あらゆるリスクが想定できます。

また、「**この方法で失敗したらこう動こう**」と常にリスクヘッジしながら計画を立てることを大事にしています。リスクヘッジしているからこそ、安心して計画をスタートさせられます。つまり、ネガティブに考えることで、さらに**力強い一歩**が踏み出せるのです。

背水の陣という考え方があります。背水の陣というのは覚悟を表す言葉ですが、背水の陣だけでは失敗したときのリスクが大きすぎます。破産者で「背水の陣で頑張りましたがダメでした」といって失敗して、どうしようもなくなった人を僕は本当に数多く見てきました。背水の陣で取り組むのは僕から言わせれば、リスクを考えることを放棄した甘い考えです。ですのでリスクヘッジも必ず考えておきましょう。

計画は成功している人を真似る

あらゆるリスクを想定し、リスクヘッジした場合、次にどうしたらよいでしょうか？

実は多くの人たちはどうやって計画を立てればよいのかわかっていません。でも簡単な方法があります。それは成功している人の話や本などにある計画を真似て自分の計画を作ればよいのです。

慣れていない計画を自分で考えると時間もかかり失敗する可能性が高いため、成功した人たちの計画を組み合わせるのが手っ取り早い方法です。成功者の計画を真似たものを作ってみて、不具合のある箇所を再構築すればよいのです。

真似るには自分に合ったような人の成功の経歴をしっかりと調べて計画を立てる方が成功する可能性はぐっと上がります。

⏮ 動かないことは停滞ではなく後退である

また、計画を立てても、リスクばかりを考えてしまい、ネガティブになり過ぎて最初の一歩が踏みだせない人もいます。

でも**何もしないということは、動いて失敗する以上に最悪な結末**だと僕は思っています。

確かに、動かなければ失敗はありません。しかし失敗はしないけれど成功もしないというのでは、何も得るものはありません。失敗しないことが現状を維持することだと思っているのだとしたら、それは大間違いです。何もしないということは、現状が維持されているのではなく、**現状から後退している**のだと思うべきです。

いま動かなければ50だとして、失敗すると30になるかもしれない。けれど、何もしなければ、50はだんだんと下がっていずれ0になります。20や10になってから勝負を仕掛けるのはそれこそリスクが大きすぎます。**動かないことは最大のリスク**と考えるべきです。停滞こそは後退なのです。

⏮ 最後は「何とかなるさ」の精神

　とことんネガティブに考えて計画を立てたら、次は**とことん楽観的**になることが大事です。そうして一歩を踏み出すことが重要です。

　人間は**一度アクションを起こすと脳が興奮状態**になって勝手に動きだします。これは行動心理学でも証明されているようです。例えば、部屋の掃除やお風呂掃除が嫌だと思っていても、一度やりはじめるとしっかりと最後までやり切ってしまうものです。つまり、最初の一歩が大切なのです。

　その第一歩を楽観的に「何とかなるさ」と思って踏み出すことです。時間ばかりが経過することは損失だと思ってください。計画を立てて、リスクヘッジも考慮したのなら、それ以上、考え悩むのは害悪でしかありません。そして、動かないことも害悪です。まずは動きましょう。

　「何とかなるさ」と口に出し一歩を踏みだせば、人は**スイッチ**が入って動き始めます。人間とはそういう生き物と思いましょう。

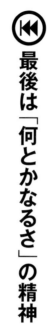

僕も以前勤めていた法律事務所から独立するとき、とことこんネガティブに考えました。独立にはリスクがあります。勤めていれば給料をもらっていられたのに、独立すれば自分で稼がなければなりません。また、当時は弁護士としてもまだまだ中途半端な時期でした。なので、リスクヘッジとして塾の講師や、司法試験の講師をすることを考えました。そうしたセーフティネットを準備しました。そうしないと独立は無理だと思っていました。

また、さまざまなリスクも想定しました。クライアントがつかなかったら、売上が上がらなかったら、弁護士会費すら払えなくなってしまったら……。そんな様々なリスクを想定しました。そこから計画を立てて行きました。

しかし、そこまでするともう、動き出すほかありません。

「何とかなるさ」と口に出し、勤めていた法律事務所に「辞めます」と辞表を提出しました。自分に夢や信念があるのなら「やるしかない」と楽観的に、「何とかなるさ」と思うしかありません。

『少年ジャンプ』で連載していた『トリコ』というマンガに、主人公の「**思い立ったが吉日。それ以外は凶日**」というようなセリフがありました。このセリフを見たときに、何て良いセリフなんだと思いました。このセリフの通り、とことん考えて計画を立て、行動しようと思ったなら、その日のうちに行動するようにしましょう。

⏭ 結果を出すための「計画」

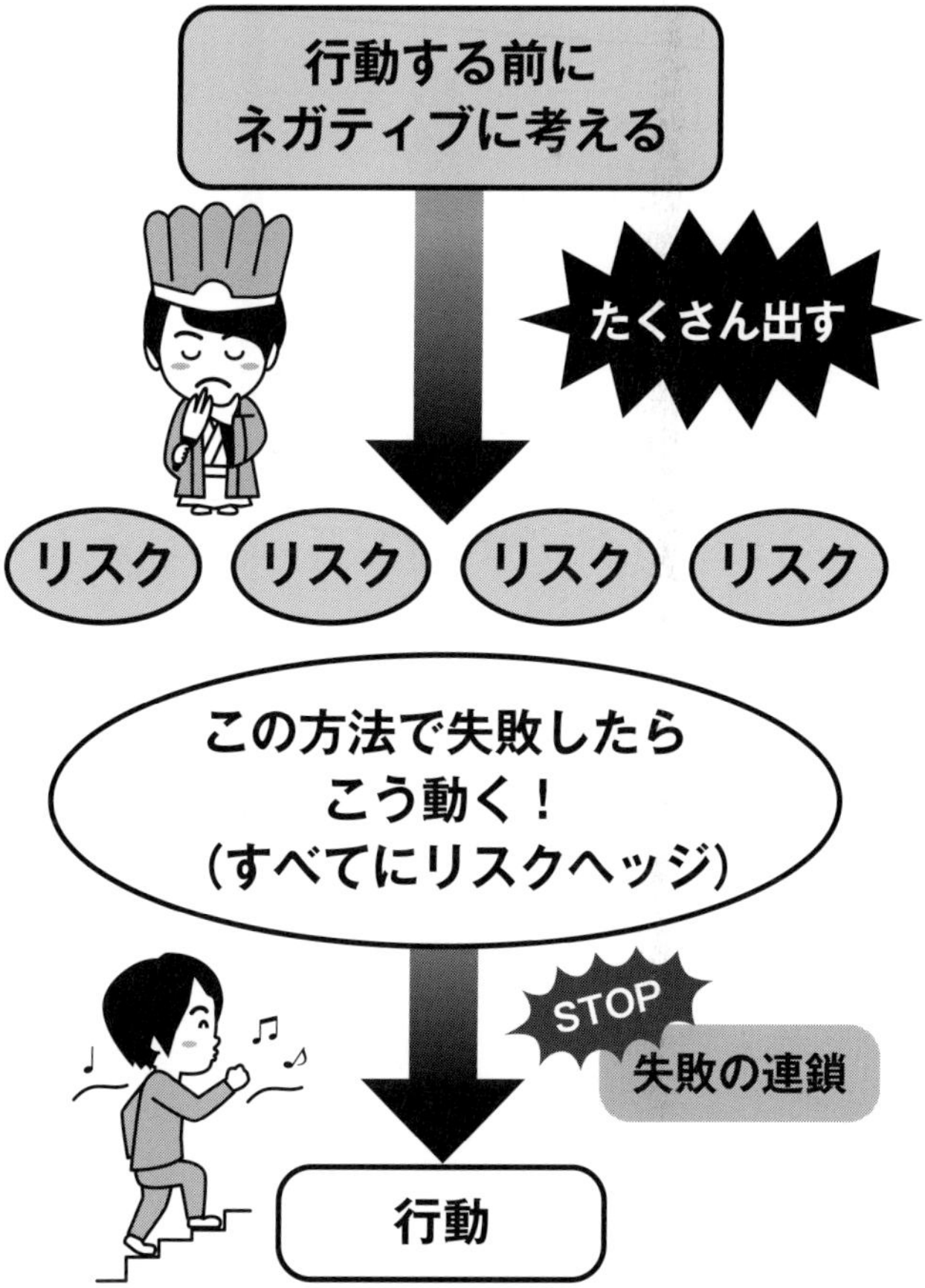

楽観的に一歩踏み出す
「なんとかなるさ」が大事！！

05 バカになって動く

「根拠のない自信」が結果を呼び寄せる

バカになる、というのは「**ポジティブバカ**」になる、ということです。もちろん本当のバカになってはいけません（笑）。

多くの人は自信がなかったり、不安だったりして、「自分はこのままでよいのだろうか」と葛藤しています。しかし、そういう時間がとてももったいないと思います。そしてその精神状態や時間が、「結果を出すこと」から遠ざけているのです。

成功している皆さんは「**根拠のない自信**」を持っています。「自分ならなんとかできるさ」「自分はなんとかなるさ」と思っています。実はそういう自信が「結果を出す」ためには、すごく大事なのです。

自信があることによって（もちろん計画は立てますが）、迷いがなくなり、物事を進めるスピードが格段に速くなるのです。Ｆａｃｅｂｏｏｋの創業者ザッカーバーグさんをはじめ、多くの経営者はその成功の要因のひとつとして「圧倒的なスピード」を挙げています。「ポジティブバカ」になることで、物事を進めるスピードが上がるのです。

また、ポジティブバカになることで、精神も安定します。人を恨んだり、人の足を引っ張ろうという気持ちもなくなります。成功している人に、卑屈な人はほとんどいません。

そのため、僕は、**あえてバカになる**、ということを推奨します。

僕も根拠のない自信を持っています。毎日、「なんとかなるさ」とポジティブ思考で行動しています。だから、毎日が楽しいですし、結果を出すために良い循環になっています。

⏮ 小さな成功体験が自信の基礎となる

では、どうすればポジティブバカになれるのか。

それにはまず「**小さな成功体験を積み上げて行くこと**」です。どんな小さなことでもよいです。朝早く起きられたとか、電車に間に合ったとか、なんでもよいのです。そのひとつの成功体験を大事にしてください。失敗体験は忘れて、成功体験だけを覚えておくのです。それが根拠のない自信の基礎となります。

もちろん、根拠のない自信を持つことで、思い上がったり天狗になることはよくありません。そこは気を付けてポジティブバカになっていく、ということをあえてやりましょう。

⏮失敗は0ではない前進である

逆に失敗経験を重ねすぎると、自信は失われ、全てが不安になります。失敗した場合、自信を取り戻すためには時間が必要です。場合によっては思い切って自分の環境を変えてみてください。失敗したとしても、それは成功のためのひとつの糧だと「ポジティブ」に考えることが大切です。失敗を過度に大きく捉える人もいます。けれど、たとえ失敗しても将来の成功のためのプラスに持っていくことが大事なのです。

僕は失敗したときは「**次に活かすための失敗**」と割り切り、**経験やノウハウだけは残して、**感情的には引きずらないようにしています。

失敗して面倒なのは**負の感情が自分を支配**してしまうことです。この負の感情は早めに排除すべきです。大切なのは失敗したという感情ではなく「経験」です。失敗したという経験は次のステップに絶対に活かされます。しかし、負の感情を持っていても何も活かされはしません。

失敗したという感情は、リフレッシュして消し去ることです。人間はプライドが高いため、失敗すると負の感情にさいなまれるのですが、ある程度**失敗することは当たり前のことだと割り切りましょう。**

無駄に明るくする

次に「**無駄に明るくすること**」を大事にしてください。

お笑い芸人たちは皆さん、とても明るいですよね。そんな周りを明るくする太陽のような存在になれば、人もお金も寄ってきます。

マンガ『NARUTO』の主人公・ナルトがポジティブバカの代表だといえます。ナルトには、(マンガを読むとわかりますが)もちろん辛いこともたくさんあります。けれど、それでも無駄に明るいからこそ、周りは惹きつけられ、仲間は付いて行くのです。

そして、ポジティブバカは「**他人と比べて悲観しません**」。むしろ他人を物差しにして自分の良いところを発見するようにしています。人と比較して自分のマイナス面を探すのではなく、「あの人より自分はここが優れている」と自分を持ち挙げるのです。

自分の良いところを見つけることを習慣化します。小さな良いところをたくさん積み上げて、雪だるまのように大きくします。すると、それに比例して人もお金も集まってくるようになります。

最後にもっとも大事なことを言います。**「ポジティブバカは空気を読んではいけません」**。

空気を読むということは、協調するということです。もちろん、協調することは大事です。けれど、過度に協調し過ぎると変なストレスが溜まり、ネガティブになっていきます。

誰のための人生かというと結局は、どんなにきれいごとを言っても、**自分のための人生**です。自分と自分の親しい人たちを幸せにするための人生なのです。なのに、自分をボロボロにしてまで周りに合わせるのはナンセンスです。それに、協調し過ぎると、どこを切っても金太郎アメのような個性のない人間になってしまいます。だから、個を大切にしてください。全て右にならってでは成長はありません。人よりラクをするためには、人とは違うことをしなければならない時もあります。**不協和音が生じることも恐れない**で下さい。

メンタルが弱いからこそ、結果を残す

ところで、僕はよく人から「メンタルが強いですね」と言われます。それは逆です。すごく弱いのです。無理に他人に合わせると自分が壊れてしまう、ということを自分が一番、よく知っているだけなのです。僕はひとりになることが好きだし、自由でいることが好きです。メンタルが弱いことがわかっているから、あえてポジティブバカになって、他人に合わせないようにしています。僕から言わせれば、他人と合わせられる人の方がメンタルが強いと思います。

僕はメンタルが弱すぎて集団生活ができません。できないとわかっているから、そこからはみ出るようにしているのです。その分、**しっかり結果を残すこと**を大事にしています。

⏭ ポジティブバカになる

空気を読まない
➡協調し過ぎはストレスがたまる
他人と比べない
➡自分の良いところを見つける
無駄に明るくする
➡仲間がついてくる
小さな成功体験を積み重ねる
➡根拠のない自信の基礎
行動のスピードが上がる

06 自分で考えない。人や書物から技術を盗む

伝統だって「守破離《しゅはり》」

何か行動をする際、多くの人たちは「**まず、自分の頭で考えよう**」とします。そのことを否定はしませんが、僕は「なんて非効率なんだろう」と思ってしまいます。

そうは言っても僕も、最初の頃は自分の生き方や弁護士としての仕事に対して、自分で「考え」行動した方が責任も持てるし、学べると思っていました。そのため何事も自分で考えてトライ&エラーを続けていました。

しかし、途中からトライとエラーの時間は本当にもったいない、**結果を出している人や成功している人を真似した方が早いんじゃないか**、ということに気づきました。

よくよく考えてみれば、子どもの頃の僕は「自分で考える」ことより「何だかよくわから

ないけど、教科書に書いてあることや周りの大人たちを真似」て成長していました。スポーツや音楽の上手い人のテクニックやフォームなども真似することで上達していきます。

つまり、**誰かの真似をした方が効率的に結果が出るということ**なのです。

近年の教育は考える力を育てることに力を入れています。そこに大きな罠があると僕は考えています。もちろん自分で考えることは大切です。しかし、いきなり「自分で考えろ」と言われても考える力は身につきません。最初はどうすればよいのかわからないのが普通です。そして、自分で考えた結果、失敗では「意味がない」と僕は思います。

考えるには土台が必要です。

日本伝統の武道や茶道では「**守破離**《しゅはり》」というものがあります。修業は師匠に言われた型を守るところから始まります。そこから型を破り、やがて型から離れ自分のオリジナリティを出していきます。

ホップ・ステップ・ジャンプでいうと、**ホップが真似ること。ステップがしっかりと考える力**を身につけること。**ジャンプが自分のオリジナリティを出すこと**だと言えます。

伝統芸能だって「最初は言われた型を真似る」ことから始めているのに、最初から「考えろ」というのは、最初から「破」をするものであり、ホップを抜かしてステップもしくはジャンプしようとしていることと同じです。何とも非効率なことです。

これでは、失敗する確率が高くなるだけです。

自分の頭で最初から考えて成功するのは天才・秀才だけです。だから、**最初は先人たちの知識、ノウハウを真似してください。その方が速く結果を出せるし、効率的な生き方**ができるのです。そこから、初めて自分の頭で考えるようにしていけばよいのです。

先人たちの知識、ノウハウは数多くあります。書店に行けば何百冊、何千冊という本が置かれています。その本から結果を出している人の本を選んで読めば、知識、ノウハウを自分のモノにできます。そのことで何も知らない自分がひとりで考えるより何百倍、何千倍の効果を生みだせるようになります。だから僕は、1日1冊、本を読むようにしています。そこからいろんな人の知識、経験、考え方などを自分のモノにするべく吸収しています。

だからこそ僕は、短い期間でも結果が出せるし、経営者、弁護士、テレビ出演、本の執筆など、これだけたくさんのことができるのです。いろんな人の考え方、思考法、時間の使い方、あらゆるものを真似しているから可能となっているのです。

真似することは最強なのです。

⏮ 物まね芸人のようになる

では、具体的にはどうすれば、知識やノウハウを吸収できるのでしょうか。

まず、本を選ぶときは、成功や失敗の体験をノウハウ化している本を選んでください。ノウハウ化されていない本はハードルが高く、読んでも自己満足だけで終わる可能性が高いです。慣れれば伝記からでも「こういう考え方もあるのか」とわかるようになりますが、最初は理解しやすいノウハウ本を選んだほうが効率的です。

そして、結果を出している人たちの考え方、思考法をとにかく真似て、どんどん吸収してください。「自分ならこうする」と考えながら読むのではなく、ただ、**真似ることに**集中してください。まるで自分が**物まね芸人のようになったつもり**で読んでください。もっともノウハウは星の数ほどあるため、自分に合わない、つまり結果が出そうにないと思ったら、そのノウハウは捨てて、自分にあったノウハウをまた探し、真似るようにしてください。

⏮ プライドを捨てた瞬間から爆発的な成長に

物真似について、否定的な人たちもいますが、物真似をすることで良いことは、①結果を出しやすくなる、②**時間を短縮することができる**、ということです。

何事も1から考えるというのは、すごく時間のかかることです。成功している人たちの知識、経験、ノウハウを、最初は考えずに物真似すれば、時間を短縮して効率よく結果を出せるようになります。

そしてここで大事なことは、**謙虚になる**、ということです。

成功しない人や行き詰まっている人は本を読まないし、ノウハウを受け入れません。つまり、**謙虚ではない**のです。それを変革できれば、多くの結果を出すことができ、人生は成功に近づきます。

もしかしたら「プライドがあるから、人の物真似をするのは嫌だ」と思うかもしれません。しかし、今までの自分のノウハウで満足のいく成長ができていない、壁にぶつかっている、というのなら、**そのプライドが間違っている**、とまでは言いませんが、方向が少しずれている可能性があります。そこを見直すことがすごく大事になってきます。

現状に満足していないところがあるのなら、そこを見直して、成功している人のノウハウを、**プライド捨てて謙虚に物真似して吸収**するのです。そうすることによって、自分が爆発的に成長できる切っ掛けになります。

ミニ四駆のように

そうして吸収して行動した結果、ダメだった、もしくは結果が出なくなったのであれば、さらに他のライバルに差をつけたいのであれば、新しいノウハウをまた吸収していきましょう。

「意味がなかった」「現状に満足」ではなく、そのノウハウが単に自分に適していなかっただけ、さらに良いノウハウがあると考え、常に**新しいノウハウを探し、ノウハウのブラッシュアップの循環**をしてください。

僕は子供の頃、オモチャの車、ミニ四駆で遊んでいたのですが、速く走らせるためにモーターを換えたり、タイヤを交換したりして、どうすれば速くなるかを考えました。それと同じことです。ノウハウを入れ替えて自分に合うもので武装し直し、それで自分が成長すればまた、新しいノウハウを入れ替える。そうした流れのなかで、自分なりに新しいノウハウが生まれてくることもあると思います。

自己流だけでは成長のスピードは決して上がりません。効率的にノウハウを入れ替えて自分をカスタマイズするのです。

⏩ 誰かの真似をすることで「速く」「効率的に結果」が出せる

守　型を守る＝真似る

↓

破　型を破る

↓

離　型から離れる＝オリジナリティ

＋

ノウハウ　ノウハウ　真似る　ノウハウ　ノウハウ

↓ 常に新しいノウハウを探す!!

爆発的な成長

07 完璧主義からは何も生まれない

細部に神はいない

日本人は勤勉なため「**細部に神が宿る**」と考え、細かい部分にもこだわりを持ちます。そして、多くの社会人は最初から完璧を目指して、理想と現実のギャップに苦悩します。特にプライドの高い人ほどその傾向が強いものです。弁護士などはその最たる人種と言えるかもしれません。誰もが最初の1年目から100点を目指そうとするのです。

もちろん、それは悪いことではありません。ただ、そういった人ほど、「まだ、70%しかできていないので」と完璧に到達していないことを口実にして逃げようとします。また、プライドが高いからこそ現実を見ないで「○○が悪い」と何かを言い訳にして逃げる傾向があります。

全く**建設的でない**ですよね。

でも、正直、気持ちはすごくわかります。「言い訳」にすがらないと、自分の気持ちがついてこないのです。プライドが傷つくのです。先ほど言ったとおり、100点を目指すこと自体、悪いことではないと僕は思っています。悪いどころか、完璧を目指すことは社会人として当たり前だと思っています。

ただし、**目指し過ぎると現実から目を背けることになり、「結果」から遠ざかります。**

だからこそ僕は、結果を出すために、あえて**完璧主義は捨てろ**と言いたいのです。完璧主義は良いことですが、弊害の方があまりにも大きいのです。完璧を目指すと時間もかかるし、完璧にできなかったときに心が折れやすくなるからです。

また、時間がかかるということは、結果も出にくいということです。何度も言っているとおり、いまの社会は競争社会です。スピードは速く、日進月歩です。なのにあまりに完璧を求めすぎると今の時代の流れに追いつかなくなります。

経営者からすれば（もちろん内容によりますが）、時間をかけてじっくり作り込んで１００点のものを持ってこられるよりも、60点でもよいからスピーディに物事を進めてくれた方が、企業としては成長できると考えるものです。

完璧を目指すことは評価が下がる、企業の成長を阻害することもあるということは覚えておいて欲しいと思います。

また、心が折れると回復まで時間がかかるため、変に完璧を目指して心が折れないで欲しいとも思います。それに何より、現実から目を背くことによって自分の成長を阻害しています。

ある程度の経験を積めば、60点だったものは70点、80点になります。それができるようになったら残りの30点、20点を加点すればよいのです。最初から完璧主義は目指さず、むしろ完璧主義を捨ててしまうことが重要です。

⏮ 正しい成長曲線を意識する

司法試験というのは僕から言わせればほぼ落ちない試験なのです。このようなことを言うと不合格になった人から怒られますが……。

でも、なぜ落ちるのかというと、最初から正確に全て覚えよう、最初から全てを理解しよう、最初から100点を目指そうとするからです。最初から完璧を目指そうとして心が折れたり、時間がかかり過ぎたり、無駄な努力が多いからです。「どれだけ自分に自信があるんだ！」と言いたくなります。

最初は、**勉強も社会の生活も「大雑把」**でよいのです。

天才や秀才でもない限り、最初から上手くなんて行きません。最初は身体と頭が慣れるのをただ待つべきなのです。どんなことであっても「慣れ」は不可欠です。「慣れ」のあとに、爆発的な成長は訪れます。それを待つことができない人間には「結果」は訪れません。でも、その成長を待てば、70点程度のことは、あっという間にできるようになります。

そこで、ひとつ覚えていて欲しいのは、成長曲線は斜めに一直線に上がって行くのではなく、**最初はあまり上がらず、途中から一気に上へと弧を描くという事実です。**

身体と頭はコツさえ掴むとぐっと上がります。この成長曲線を意識して欲しいのです。それまでは我慢の時間です。多くの人は、ぐっと上がる手前であきらめてしまうのです。多くの人はそれを知らないため、斜めに一直線の成長曲線を目指し成長しない自分にストレスを感じ心が折れてしまうのです。

繰り返しになりますが、天才や秀才ならそれは可能でしょう。しかし、**凡人がその成長曲線を求めるのは無理なこと**です。それを知らずに挫折し、爆発的に成長する前の頑張った期間を無駄にしてしまい、結果を出せないのです。だから、違う方向に行ってもまた、失敗するという過ちを繰り返してしまうのです。

爆発的に成長する前は、まだ身体と頭が慣れていないだけ、停滞期間なんだなと思えばよいのです。それを意識するだけで「結果」に近づいていきます。

また、「**いまはそういう期間なんだ**」と割り切れば悩まなくてすみます。

もちろん、爆発的に成長しはじめるタイミングは個人差があります。速い人もいれば遅い人もいます。爆発するまで気長に待つことも大事です。

またダメな上司や先輩ほど部下や後輩に最初から完璧を目指させる傾向があります。良いプレイヤーが良い指導者になるとは限らないということもあります。成長速度は人によって違うものです。ある程度、見守ることは上司・先輩の務めとして大事です。**完璧を目指させて心を折らせるのは、会社としては不利益になるだけ**です。

努力の方向性を間違ってはいけない

人間には向き不向きがあります。世の中には頑張ればできること、少し頑張ればできること、メチャメチャ頑張らないとできないことがあります。しかし、いくら頑張ってもできないこともあります。

例えば僕がこれから陸上選手になって東京オリンピックに出場しようとしても、不可能です。絶対に無理です。このように絶対にできないことをどれだけ頑張っても意味はありません。努力をするにしても努力する方向性を間違ってはいけません。努力の方向性を間違ってしまうと、時間も労力も本当に無駄になってしまいます。

また、いま頑張ってもできないことはしない方がよいでしょう。というのも、今できなくても、頑張ればいずれはできることはあります。**努力するタイミング**も大切なことがあります。実際に、僕が3、4年前にはできなかったけれど、今ならできることはたくさんあります。努力するタイミングを見極め、**できるタイミングでできることをすればよい**のです。

できないことはしないと決めることは勇気がいります。勇気ある行動と無謀な行動は違うとよく言いますが、**努力しない勇気**も大事なのです。

⏭ 完璧主義を捨てる

（待つことができない人間には「結果」は訪れない）

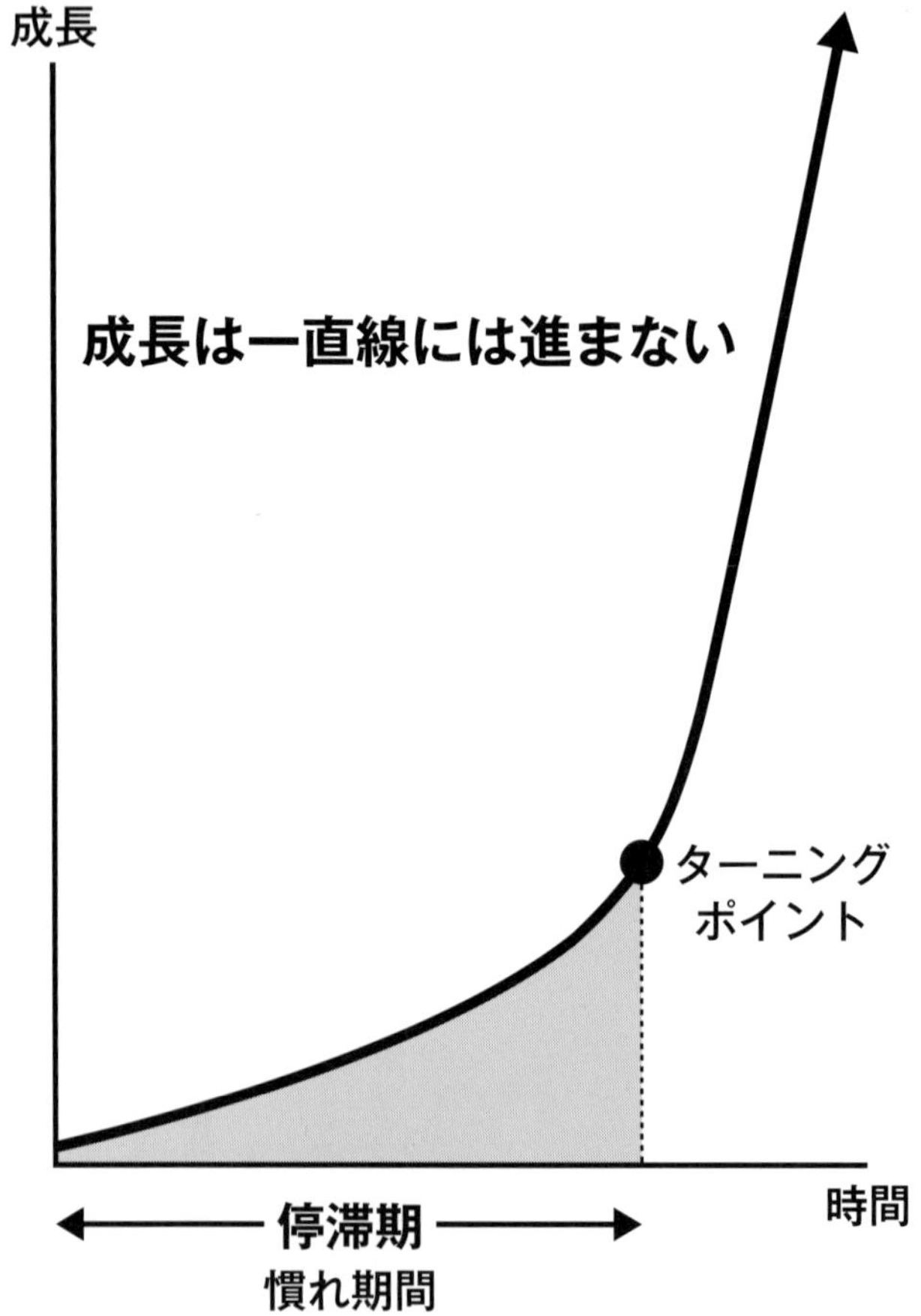

08 自分の力と心の使い方をコントロールする

⏮ 孫悟空のように力をコントロール

僕がこれだけ多くのメディアに出演し、執筆し、講演会をしながらも、弁護士として、経営者として結果を出し、しかも楽しみながら疲れもせず長続きしている、というのは「**ところどころ力を抜いている**」ということが大きな要因となっています。

「ＯＮとＯＦＦを使い分けろ」という人がいます。しかし、僕はＯＮとＯＦＦの使い分けより、日常生活でアクセルとブレーキを**うまく**「**踏み分ける**」ことが大事だと思っています。

つまり、すべて「１００％（ＯＮ）」と「０％（ＯＦＦ）」でなくとも、アクセルとブレーキを上手く踏み分け、**80％の日もあれば20％の日があって**もよいということです。日頃の**自**

分の体調や精神状態、周りの環境等により、仕事の力の加減、パワーバランスをしっかり考えることが大事だと思っています。

トップスピードだけで走らない、頑張り過ぎないことが大事なのです。

頑張り過ぎると、どこかで必ずマイナスの反動が起こります。弁護士として本当に「頑張り過ぎて心が悲鳴を上げている」人をたくさん見てきました。こういった人の特徴は、あまりにも自分に厳しすぎることです。「これは許せない」「こうしなければならない」「こうでなければならない」と強く思っており、義務感がひたすら強く、そして、**自分にも他人にも甘え下手**、つまり人を頼らず、限界まで自分に余裕を作らないのです。

１００％のパワーで仕事をし続け、休日にその１００％のパワーを取り戻せるかというと、そうはいきません。また、一度心が悲鳴を上げたら、心が回復するまでには、相当な時間がかかります。１００％の力を出すのは週に数回でよいのです。ただし、１００％の力でやるときには、結果を出すために普通は10時間かけてやっていた仕事を、数時間で終わらせるほど一気に力を出し切ってしまうことが大事です。

頑張り過ぎては反動が来るので、必ず適度に力を抜くという「**脱力（力を抜くこと）**」が大事です。多くの人はアクセルとブレーキを意識していません。言い換えれば、どこで力を入れて、どこで力を抜くのかという、力のコントロールを理解していない人が多いのです。また、アクセルを踏み過ぎても、ブレーキを踏み過ぎてもいけません。**力加減を大事**にしてください。

マンガ『ドラゴンボール』に出てくる孫悟空たちは「気」をコントロールしますが、同じように自分の力や心の使い方をコントロールしましょう。

グリッド力（やり抜く力）

いま、グリット力という言葉がとても注目されています。

グリット力とは、簡単に言うと**情熱を維持し、やり抜く力**です。さまざまな才能が必要だとされているなか、グリット力が最も重要だとも言われています。なぜなら、多くの人はさまざまな才能を持っているのに、情熱を維持する力、長続きさせる力に欠けているからです。どんな天才・秀才に対しても、この力があれば平凡な人間でも戦え、いずれ天才・秀才よりも結果を出し続けられるようになるくらい可能性を秘めた力のひとつです。

しかし残念ながら、ほとんどの人は長続きしません。そのため、結果を出せなくなっています。なぜ、続かないかと言うと、頑張り過ぎたり、頑張らなすぎたりするからです。気づいたら自分のアクセルとブレーキの加減がわからなくなってしまっているのが大きな原因となっています。特に真面目な人ほど、他人の責任や負担まで背負ってしまい、自分を追い込みすぎ、楽しさも忘れ、気づいたらただ、義務感だけで仕事をしてしまっています。

多くの人は社会人になったら「こんな仕事をしたい」「会社のなかで上のポストに行きたい」と夢や希望を抱き、ワクワクしていたはずです。しかし、いつしかマイナス要素を抱え込んでしまうようになり、そのことによってグリッド力を枯らしてしまうのです。

だからこそ、**グリット力を維持するためにも、楽しさを忘れないように、適度なアクセルとブレーキの踏み分けが必要**なのです。そして、人に甘えることを覚え、柳のように自分のストレスや他人からの悪意をかわしながら生きて行く、ということもとても大事です。それが長く結果を出し続けることにつながります。

⏮大人の「ずる休み」こそ真髄

では、具体的にどのようにアクセルとブレーキを踏み分ければよいのでしょうか。

それは、あまり難しく考えずに、まずは自分のなかで、**「ここは頑張るぞ」「ここは頑張らないぞ」「ここは脱力するときだ」**と**3段階で意識**することです。例えば、1週間のうち、平日の5日を頑張るのではなく、頑張るのは2日か3日あれば充分です。**2日くらいは脱力でよい**と思います。そして、休日は休むのです。

また、1日のうち、3〜4時間は頑張って、残りの時間は脱力してもよいと思います。ただし、コアの3〜4時間は結果を出すことを考えて一気に集中することが大切です。

もっといえば、**「ずる休みもあり」**だと僕は思います。

ずる休みは絶対に嫌だとか、社会人としてあるまじき行為だと言われるかもしれません。しかし、18歳から22歳前後で就職をして、60歳、65歳で定年すると考えると、社会人としての人生はとても長いのです。**無理やりでも**息抜きしないととても心も身体も持ちはしません。少なくとも僕は絶対に持ちません。

僕はあえて言います。大人でも「ずる休み」はありだと思います。僕はさまざまな労働事件を担当し、頑張っている人たちを見ていますが、多くの社会人は決して「ずる」をせずに、**肩に力が入り過ぎ**ていると感じます。当たり前のことですが、会社だけが全てではありません。会社のなかに自分の生活があるのではなく、**自分の生活のなかに会社がある**のです。そう意識するのがよいのです。

働くというのは、自分の自己満足のためや、夢や希望を実現するため、大切な人を守るためにすることです。働くことは生きていくために必要不可欠なことです。でも、適度に息抜きをしないと、ただ大変で、ただ辛いだけの人生になってしまいます。

だから、ふとした瞬間に「何のために生きているんだろう」と考えてしまうのです。そう考えるときは心が発する疲れ切ってしまっているサインだと思ってください。

人生は楽しむためにあります。だからこそ、ラクして生きることも大事なのです。それが結果にもつながります。結果を出し続けるために休むのです。

もちろん、周囲の人たちや会社に迷惑をかけないために**根回しは必要**です。ずる休みをするときの**見せ方と休み方**というものがあります。**しっかりカバーしてから**休むときには休むべきなのです。頑張って休まない人は、やがて気持ちに余裕がなくなり、心がギスギスして、他人の悪口を言ったり、働かない人を見下したりもしてしまいます。そうならないために休むのです。

人間の能力や時間にキャパ（限界）があるように、**心と身体にもキャパ（限界）**があります。それを上手に使うことが大事なのです。

真面目に働くという根性論を否定するつもりはありませんし、素晴らしいと思います。でも、適度に手を抜きながら脱力を大事にしながらでも結果を出せる方法があるということを知って欲しいのです。

⏭ アクセルとブレーキを踏み分ける

ここは頑張るぞ！	100%の力を一気に出し切る 1日にコアの３～４時間
ここは頑張らない	適度に力を抜く 他人に頼る
ここはしっかり休む	休日は身体も心も休める 時には「ずる休み」もあり

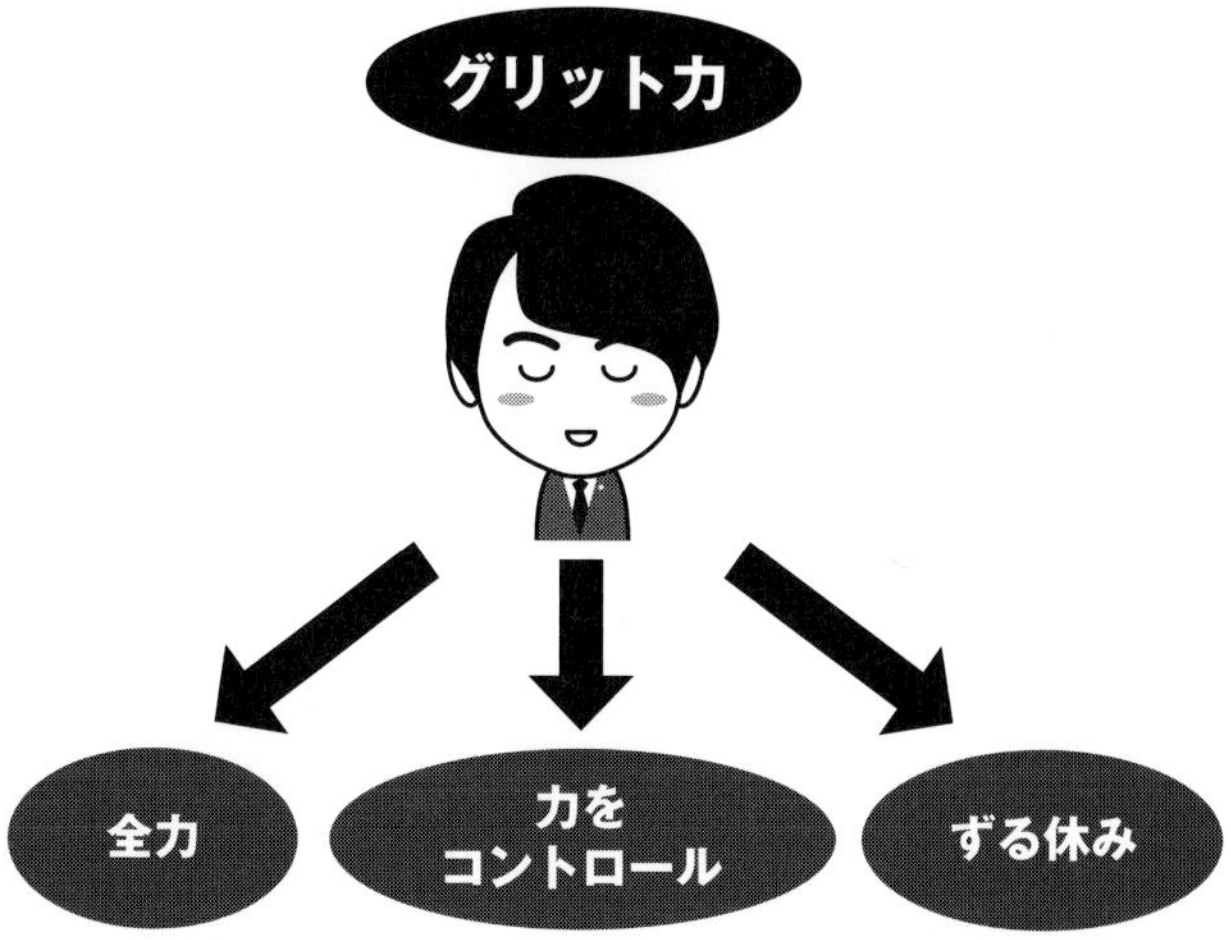

09 「がめつさ」精神が結果をもたらす

昔の商人のように

最近の日本人には「がめつさ」がなくなったように思います。特に若い世代は「さとり」世代と評され、欲求がないとも言われています。けれど、結果を出すためには、この「がめつさ」がとても大事になってきます。

どんなにきれいごとを並べても「お金」は生きていくためには不可欠です。もちろん「人生はお金じゃない、やりがいだ」ということもあります。でも、年齢が上がっていくと、**やっぱりお金が大事**という意識も生まれてきます。

独身時代はお金がなくとも自分ひとりならなんとか生きていけます。しかし、結婚すると家族の暮らしを維持するためや、子どもたちを学校に行かせるためにもお金は必要となります。しかもそれは生涯続きます。「老人破産」や「老人貧乏」という言葉もあるくらい、老後もお金がかかります。そのお金を手に入れるには「がめつさ」も必要なのです。もちろん、お金がすべてではありません。それでも、お金があればいろんなものが手に入ります。多くの人を幸せにできます。だからこそ、皆さんひとりひとりが多少の「がめつさ」を意識し、「自分の利益」を追求することも大事となるのです。

恐れずに言うと、**がめついほうがラクな人生**を送れます。

では、「がめつさ」とは何でしょうか？　お金を値切ったり、節約することではありません。**自分の「利益」につながるかどうか、**という視点を持って行動するということです。

例えば僕は、自分に利益がないと思った飲み会などには極力参加しないようにしています。なぜなら、お金も時間ももったいないからです。飲み会で最後まで残る人がいますが、僕は自分に利益はないと考えたならさっさと帰ることもあります。

しかし、人間関係を深められ、自分の利益につながる、と考えるのなら残ります。

僕はこのように自分への利益を常に考えている「がめつい人間」です。そうでないと結果は出せないと思っています。そういうシンプルな生き方をしています。その方がストレスを貯めずに生きていけます。

多くの人はメリット以外のことを考えるので「しがらみ」に縛られてしまうのです。昔の商人のように、自分に対する利益の視点でわかりやすく生きていくことも大切です。

海老で鯛を釣る

ここで注意して欲しいのは、**短期的に損（得）なのか、長期的に得（損）なのか**、ということもよく考えるということです。「自分の利益を考えろ」と言うと、つい目先の利益ばかりを追求してしまい、長期的には大きな損をしているということもよくあります。

今動くと目の前の利益は得られるけれど、将来的には不利益になるというのなら動かない方が賢明です。逆に、今すぐは利益がないけれど、将来的には大きな利益があるのなら行動すべきです。

例えば「これは安い！」と思って買った電化製品がすぐに壊れることがあります。ちょっと高いけれど良いもので3～4年持つなら、そっちを買った方が得です。目先の利益だけを考えて安い方を買うと、長期的に見たとき損失を出しているということもあります。

そういった意味で、僕は目の前に利益があっても、それが長期的に見て得なのかも考え、すぐに飛びつかないようにしています。

また、時間や環境、周りの見え方などに対しても、そう考えるようにしています。ありきたりな例えですが、友達や自分の従業員たちとワイワイやりたいときは安い居酒屋に行きます。でも、大事な相手のときには接待として、個室のある高級なお店に行きます。これは、短期的にお金を損しても、長期的には利益が生じる可能性が高いと考えるからです。

もっとも、従業員たちと高いお店に行くこともあります。なぜなら、いつも頑張ってもらっている「労い」をすることによって、また頑張って欲しい、というメッセージを伝えたいからです。

まさに「**海老で鯛を釣る**」です。

このように長期的短期的に利益を考えつつ行動する「がめつさ」も大事なのです。この「がめつさ」を大事にすることによって、日ごろの生活も含めてラクになっていきます。

情けは人の為ならず

もっとも人生、生きていると利益を全く考えずに、純粋に相手のことを思って動くことも大事なときがあります。

諺でもあるように「**情けは人の為ならず**」です。それが結果的に自分の利益として返ってくるのです。今までの人生、これを実感することが本当に多かったと言えます、具体的には「**8対2**」で考えてください。本当の意味で利益を追求するなら「10」がめついのはよくありません。8はがめつく、2は利益を考えずに相手のために動くことです。そうすることで**自分の心も身体も余裕**ができます。そして、それが結果的に自分の利益になっていることはたくさんあるのです。

これは**自分自身に対しても同じこと**が言えます。

例えば、頑張ったご褒美に自分の好きなマンガを買う、贅沢な食事をするなど、利益を考えずに無駄使いすることで、それが自分の「癒し」になることもあります。

また、アイドルの握手券を買うのも同じです。握手券をいくら買ってもアイドルと付き合えるわけはないのですが、握手会に行くことでそれが自分の人生にとって癒しのプラスになるというのであれば、そういうお金の使い方もアリです。

それは損か得かという発想とはぜんぜん違うと思われるかもしれません。しかし、そういう「無駄」もあっていいということです。

「無駄」な行為から生まれる「癒し」は心の栄養となります。利益を考えずに動くことも大事です。自分に情けをかけることで、結果的にそれが自分への利益になることもあります。

⏭ がめつさも8：2の法則で

自分の利益

8

自分の利益につながるか？
自分のメリット以外の「しがらみ」を捨てる！
ただし損得は**長期的な視点**で考える

＋

2

無駄なことでも相手を思って動く
「情けは人の為ならず」
損得を離れた無駄が癒しになる

相手の利益

10 マイナス感情の呪縛から自分を解き放つ

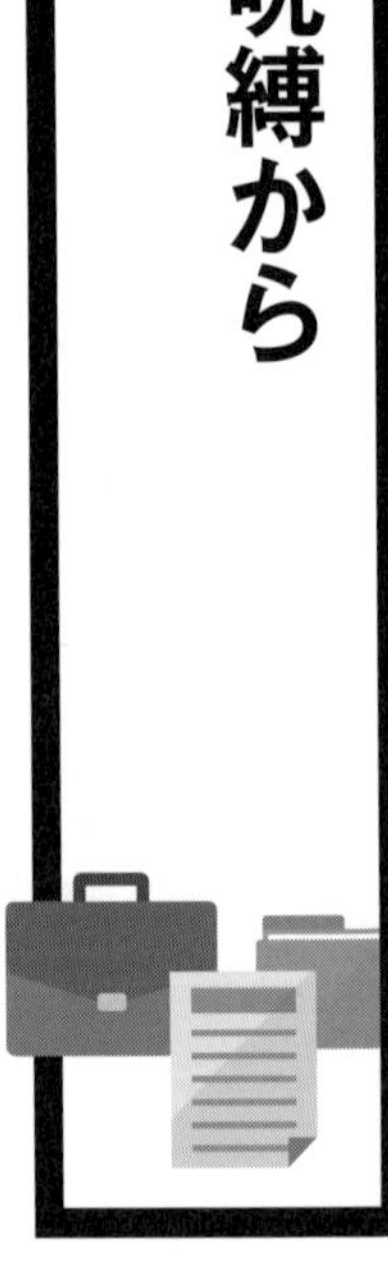

人を呪わば穴二つ

結果を出すためには、他人の感情だけでなく、自分の感情にも振り回されないことも大事です。多くの方々は、自分の人生の大半を自分の感情に振り回されています。そのため、チャンスが来なかったり、チャンスが来ても掴むことができなかったり、運にも見放されたりすることがあります。

僕は自分の信念や感情を持つことをすごく大事にしています。けれど、それが酷く偏った思考になっているとしたら、周りに迷惑をかけ、大変なことになります。そのため自分の考え方がおかしいなとか、ちょっと人に迷惑をかけているな、と思ったら、その偏った信念や感情は捨てるようにしています。

自分の信念や感情のせいで**チャンスを掴めない**のはもったいない。

僕が大学で非常勤の講師をしていた際、ある女学生と話をしていたら、彼女は「嫌ではないアルバイトだったけど、時給がなかなか上がらなかったから辞めた」と言いました。ところがよく聞くと、アルバイト先に相談したら「来月からアップする」と言われたのですが「それでもむかついたから辞めた」ということでした。

冷静に考えれば、嫌でもない仕事で時給がアップするのなら、そのアルバイトは続けた方が「自分の利益」から考えても得策です。新しいアルバイトを始める労力と心労を考えると非常にもったいない判断です。「むかついた」という自分の感情に振り回されて悪い判断をした典型例だといえます。

「**チャンスの神様は前髪しかない**」と言います。つまり、その機会は一瞬であり、そのときに掴めないともう廻ってこないかもしれないということです。

チャンスが巡ってくるためには、自分の感情をコントロールしなければなりません。

特に「嫌い」「むかつく」「嫉妬」という**他人に対するマイナスの感情を原動力とした行動**

は、自分自身を100％破滅に追い込みます。

これは弁護士として仕事をしていて特に感じることです。他人に対する恨みが強い人、他人に対する攻撃性が強い人は、その「恨み」「攻撃」が結果的に自分に返ってきます。

まさに**「人を呪わば穴二つ」**なのです。そして、その感情に振り回されると多くのチャンスを失ってしまうことにもなります。


人には感情があります。感情があるからこそ人生は面白いのです。感情があるからこそ、いろんな価値観があって楽しいのです。でも、過度に自分の感情に振り回されてはいけません。

とはいえ、僕も昔は「瞬間湯沸かし器」と陰口をいわれるほど、喧嘩早い性格でした。学生時代だけでなく、弁護士になってからも我慢の限界を超えるとプッツと切れるのです。

その結果、事態は悪化し、10倍も100倍も大変なことになりました。多くの先輩弁護士たちや従業員たちを困らせても来ました。今ではすごく反省しています。


自分の感情や偏見に捉われ過ぎることは、さらに面倒なトラブルを引き起こしてしまいます。だからこそ、自分の怒りなどのマイナス感情、他人に迷惑をかけるような考えは捨てるとか、**自制することがすごく大事なの**です。

自分の利益を台無しにしたり、自分の首を絞めたりすることは、楽しい人生にもラクな人生にも、決してならないことを覚えておきましょう。

⏮ 夜は悲劇のヒロイン

生きているといろいろと考え、判断をしなければならないことが多いものです。でも、考える際に、また判断する際に、気を付けなければならないことがあります。それは、夜に考えたり、判断したりするのは危険だということです。

夜に判断することは脳科学的にも好ましくないと言われています。なぜなら、人は夜になると**マイナス思考**となり、「なぜ、自分だけが苦しんでいる」「なぜ、自分の想いが伝わらない」「自分は間違っていないのに」とどんどん悲観的になっていくからです。まさに悲劇のヒロインになりやすいのです。僕自身も夜に判断したことで上手くいったことはありませんでした。

もちろん、夜は集中できるので良いアイディアが浮かびやすくはなります。しかし、**人に対する判断はマイナス思考になりやすく**、夜に人を判断すると十中八九、間違っています。なので、夜に判断しない方が賢明です。逆に朝は冷静になります。夜に考えたことは朝にもう一度見直すのがよいでしょう。

また、アクシデントやトラブルが起きたときなどは、急を要するので、その場で判断しないといけないこともありますが、これも要注意です。

その場の判断が間違っている、ということが多々あります。冷静になると「なぜ、あんな判断をしたのだろう」と思うものです。冷静なつもりでも実はものすごく動揺し、感情的にもなっているのです。

そういったときには自分が感情的になっていることを認め、自分の利益や、自分なりに決めたルールに基づいて考えた方がブレない判断ができます。間違った判断を避けやすくなるとも言えます。

⏮「信念」が「わがまま」になる

25頁でお伝えしたとおり、自分の信念は、自分のルールとなるため、とても大事なことです。

しかし、自分の信念が「わがまま」になることも覚えておきましょう。信念を貫いた結果、無用な衝突が生まれ、精神的に疲労し、金銭的にも損失が出るようなら、その信念はただの「わがまま」になっています。

「俺のプライドだ」「俺の信念だ」「メンツがある」と、僕の法律事務所に相談で来る企業の社長でも怒りに任せてそのようなことを唱える人はいます。

あげくに、弁護士の説得を振り切り、勝手に行動し、結果、会社に大きな損失を生んでしまうことがほとんどです。社長が本来こだわるべきではないところに労力や時間をかければかけるほど、損失は拡大していってしまいます。そして、もう後戻りできない状況となり、どの方向に行けばよいのか目標すら見失うことにもなります。弁護士に高い費用を支払っても裁判に負け、自分のむかつき度はさらに上がり、その矛先を社員や家族に向けることになります。それは最悪の結末です。

成功者には必ず信念はあります。しかし、自分の感情や信念が「わがまま」になっていないか見直し、ときにはある程度は抑えることも大事なのです。

プライドが高い人、勉強ができる人、中途半端に結果を出している人、経営者ほど、「自分は間違っていない」「相手を倒したい」という思考になるものです。

そんな人は、僕たち弁護士や周りがいくら説得をしても言うことをきいてくれない場合もあります。**わがままな人についていて行く人はいません。**その人に待っているのは自滅だけです。

⏭ 夜は悲劇のヒロイン

夜はマイナス思考になりやすい
「なぜ自分だけが…」
「なぜ伝わらない…」
「自分は間違っていない…」

朝は冷静でプラス思考に
昨日の考えをもう一度見直す

わがままになる信念は捨てる

11 運気をコントロールして、良い運気を呼び込む

人生を変える「黄金の7つのルール」

運気は自分で上げることができます。占いや風水などに頼る必要はないのです。ただし、占いや風水が不要と言うのではありません。それは最後の最後で頼るべきものです。まずは自分で運気を上げる努力をしてください。そうすれば面白いほど結果はついてきます。

「自分には運がない」と思っている人もいるかと思います。しかし、こんなことを言うと怒る人もいるかと思いますが、運とは「**今までの行動の結果**」と「**確率論**」です。それにほんのちょっとの「**偶然**」があるだけです。

運が日ごろの行動の集大成であり、確率論であるという運気のルールを認識することで自分の運気を自分で上げることができ、**運を引き寄せる**こともできるようになります。

僕は常に運を意識しています。以前はただ何となく過ごしていたのですが、運気はルールだと気づいてからは、それに基づいた行動をすることで多くのチャンスを得て、多くの結果を出すことができています。

僕が日ごろ運気を上げるために気を付けている「**黄金の7つのルール**」を紹介したいと思います。これはまさにマンガ『ドラゴンボール』に出てくる願いを叶えてくれる7つのドラゴンボールと同じです。**願いを叶えてくれる**「黄金の7つのルール」です。

1　ポジティブな発言をし、「チャンスの循環」を生み出す

日ごろから、笑顔を大事に、ポジティブな発言をすることを大事にしてください。

そのためには、**自分のやりたいことや夢を語る**とよいでしょう。ポジティブな発言をする人には多くの人たちが集まってきます。それは単純に明るい人の傍にいるのは楽しいからです。

また、自分のやりたいことや夢を語ることで、それに共感する人たちも集まってきます。人が集まれば同時に多くの縁ができ、チャンスも巡ってきます。

チャンスが巡ってきたら結果を出せるようにひとつひとつ丁寧に全力で頑張ります。最初は結果を上手く出せなくても、徐々に結果を出せるようになれば、さらに人もチャンスも巡っ

てきます。これが「チャンスの循環」になります。

2　しくじり先生を見習え

ここで気をつけなければならないのは「謙虚であり続ける」ことです。

今、人気のテレビ番組『しくじり先生 俺みたいになるな!!』では多くの芸能人が失敗談を話していますが、成功した人間が失速する原因の多くは「調子に乗った」ことです。だから、決して調子に乗ってはいけません。

調子に乗った瞬間、人は離れていきます。つまり、運気が逃げて行くことになります。人は基本的には嫉妬深いものです。**「他人の不幸は蜜の味」**とも言うくらいです。周りの人はあなたが成功しはじめ、調子に乗り始めたときから、敵意をあらわにして、足を引っ張ろうとすることを決して忘れないでください。

3　運の良い人間たちの輪に入る

良い人間関係を築くと運気がとても上がります。「この人は運が良いな」と思う人たちは、そのほとんどの場合、周りの運気もすごく良いのです。

これは運気が良い人間たちで自分の周りを固めているからです。

具体的には、結果を出し始めている人、成功し始めている人、成長している会社の従業員など……。こういった人たちで周りを固めることによって、良い縁や良いチャンスが来る機会を増やしているのです。運の良い人たちと一緒にいることによって、自分にご縁やチャンスが無理やりでもくるようにすることが大事なのです。悪く言えば、人が努力して得てきたご縁やチャンスに**「ただ乗り」**をするということですね。

このように良い人間関係のなかにいると、人の努力を借りることができ、良い巡り合わせがくる確率がぐっと上がります。もし周りに運気が良い人間がいない場合、明るい人たちのなかに行きましょう。明るい人が周りにいると、自分にも良いことがどんどん起きるようになります。

4　運気のない人には近づかない

「良い人間関係」を築くうえで、何よりも大事なことがあります。これひとつだけでも運気がガラっと変わります。それは、ネガティブな人、トラブルメーカー、攻撃性が強い人、他人の悪口を言ったり他人の足を引っ張ろうとしたりする人、人を裏切る人、いい加減な人――とは付き合わない、ということです。また、人（自分）を利用したり、金遣いの荒い人、他人にお金を使わせようとしたりする人も避けた方がよいでしょう。

なかでも法律違反をするような人とは絶対に付き合ってはいけません。これは僕の「黄金ルール」のなかでも**最も気を付けていること**です。

そういう人たちと付き合うと運気がかなり悪くなります。こちらの足も引っ張られ、トラブルに巻き込まれることになります。多少の運気が悪くなるだけならよいのですが、一緒に破滅する場合もあるので本当に要注意です。これは芸能人にそういった傾向が多いものです。とにかく、変な人と付き合い続けると身を滅ぼします。そういう人が周りにいるのなら、勇気をもって関係を断ち、人間関係を整理することも大事です。

5　自分の無意識の警告を信じる

僕には、昔から何となく波長が合う場所・合わない場所・モノがあります。これはまさに直観レベルですが、読者の皆さんも「ここ、何となく合わないな」と感じるときがあるかと思います。

意外かもしれませんが、僕はそういったものを信じます。なぜなら、直観とは、今までの自分の経験から導き出された感覚だからです。つまり、自分の今までの経験を信じるようにしているからです。直観で「合わないな」と思うというのは、悪い流れの方に物事が進んでいることへの**無意識の警告**だからです。例えば、家の引っ越しや、事務所の移転でも「これはちょっと空気の流れが悪い」と思ったなら契約しない方がよいと思っています。実際に「何か」があるかどうかはわかりません。ただ、そう思った瞬間から、そういった感覚が自分の行動に大きな影響を与えることは、心理学の世界でも認められています。

直感というのは存在意識に刷り込まれるので、何か悪いことが起きたときは全部、そのせいにしてしまいます。その瞬間に「**負の循環**」が生まれるのです。

6　面倒なものほど先に済ませる

自分が「面倒だな、やりたくないな」と思うことは、物事が悪化する兆しと考えてください。僕は面倒だな、と思うものほど先に済ませるようにしています。面倒なことを先送りしているとさらなる面倒なことへと発展します。これは読者の多くの方々に経験があるのではないでしょうか。

面倒なことを放置しておくともっと面倒なことへと続きます。**面倒なことは悪化**するのです。それが負の連鎖の始まりということをしっかりと覚えておきましょう。病気もそうです。体調が悪いな、と思った早い段階で手当てすることが大事です。トラブルも早い段階で謝罪しておけば、早くに解決するのです。

面倒なことに対応するときは、最良の対策をすることも重要です。「面倒だから適当に対応しておけばよい」と考えるとやはり、さらなるトラブルを発生させます。

7　ギバー（与える者）になれ

最後に運を上げる最大の秘訣をご紹介したいと思います。

それは、ギブ&テイクのギブを優先する「ギバー（与える者）」になるということです。「損して得を取れ」の精神を大事にする、ということですね。

僕は**人に与え続けること**をすごく大事にしています。誰かにお金を与える、誰かの縁を築いてあげる、誰かにチャンスを作ってあげる、誰かを助けてあげる、そうすることで「いつもお世話になっているので、知り合いの社長を紹介します」などと言ってもらえることがあります。このように、人のために行動することで**自分にも縁やお金が戻ってきます**。これが「得の循環」となり、気づいたら他人から「あなたは運が良い」と言われるようになります。

運気とは、今までの行動の集大成と確率、そしてわずかな偶然です。

僕がお勧めした「黄金の7つのルール」を守るだけで、気づいたら運気は上がっています。物事の進め方で自分の運気は99%、コントロールすることができます。そして1%は運命的な偶然です。世の中の99%は偶然ではなく、必然なのです。「黄金の7つのルール」を守り、**良い運気を呼び込んでくだ**さい。呼び込むということを意識してください。そうすることで「良い運気の連鎖」を生み出すことができ、人生が変わります。

⏭ 運を味方につける黄金の７つのルール

1. ポジティブに振る舞う
2. 謙虚であり続ける
3. 運のいい人の輪に入る
4. 運気を下げる人には近づかない
5. 自分の無意識の警告を信じる
6. 面倒なことは先に済ませる
7. ギバー（与える者）になる

12 食事から最大のパフォーマンスを生み出す

食の回数も内容も人それぞれ

僕は現在、毎週月曜日にフジテレビ『バイキング』に出演していますが、その前の土日はあまり食べずに仕事をしています。なぜなら、テレビで少しでも顔の映りを良くしたいからです（笑）。

でも、『バイキング』の収録が終わったらラーメンをお腹いっぱい食べます。それが幸せなのです。はっきりいえば、このような食事方法は「不健康」といえるでしょう。

僕は結果を出すためには、どのような食事のしかたが良いのかを研究したことがあります。その結果、わかったのは、人によって食べる内容も食べる方法も異なるということでした。

人によって食事は千差万別です。また、年齢によっても、環境によっても変わってきます。でも、大事なことは、健康を大前提としながら「**仕事のパフォーマンス**」と「**幸せ（幸福度）**」を考慮し、「**食事の回数、時間と食事の中身を適正化する**」ということです。

すべてのパフォーマンスが最大値になるように自分の食事方法を編み出すのです。

食事を改善すれば、パフォーマンスはまだまだ上がります。
僕は自分のパフォーマンスを上げるために食事を制限していて、1日1食と決めています。それは、僕の場合、食べ過ぎると眠気が襲い、午後のパフォーマンスがおそろしく低下するからです。また、食べると一気に太ってしまいます。
ただし、僕のような1日1食をお勧めしているわけではありません。食べることに幸せを感じ、3食食べた方がパフォーマンスを発揮できる人もいます。
また、医者のなかでも「1日1食が良い」と唱える人もいれば、「3食が良い」という人もいます。それは睡眠時間と同じように、人それぞれの身体の状況や、生活のリズム、生き方によって異なるからです。

最初から自分に合う食事を探すのは難しいので、まずは自分にとって適切な食事回数を把握することから始めてみましょう。これだけでも仕事のパフォーマンスが劇的に変わります。

その基準となるのは、太るかどうかです。当たり前のことですが、**基本的には消費する力ロリーより摂取するカロリーが多いと太ります。**この本当に当たり前のことに気づいていない人は意外と多いようです。

身体を動かしている人は消費カロリーが高いからしっかりと食べるべきです。頭を動かしている人も同じように消費カロリーが高いので食べた方がよいでしょう。

ただし、ボーっとしている人は消費カロリーが少ないはずなので食事の量を抑えるべきです。太っている人は自分が消費するカロリー以上に食べているのです。痩せている人はその逆です。インとアウトのバランスをしっかりと意識することが大切です。

空腹モードはパフォーマンスを上げる

空腹モードの方が仕事ははかどります。なぜなら、人間は空腹時に脳が活発に働くからのようです。空腹モードを作ることで効率的に仕事が進められます。最初は苦痛かもしれませんが、徐々に空腹モードを続けることで空腹にも耐えられるようになります。すると痩せることができます。良い痩せ方をすると自分自身のビジュアルがよくなります。約束はできませんが、モテることもあるでしょう。

しかし、食べた方が効率がよい、という人もいます。そんな人は食事の後の時間を大切にしてください。僕は食事の後は5分~10分、しっかりと休憩します。食べた後にすぐに仕事をすると眠気が起きます。インターバルを取ることでパフォーマンスが最大限にアップできるのです。

その休憩はちょっと目をつぶるだけでもよいと思います。食事と休憩をセットにすることでパフォーマンスが上がります。

大切なのは食事を変えることによって結果を生み出せる、という意識を持つことです。ただし、何がよくて何が悪いのかは諸説さまざまあるので、調べ出すと切りがありません。情報に縛られてしまうのもナンセンスです。ポイントだけを抑えることが大事です。

⏭ 食事とパフォーマンスの関係

どんな食事のとり方がいいかは
人それぞれだから…

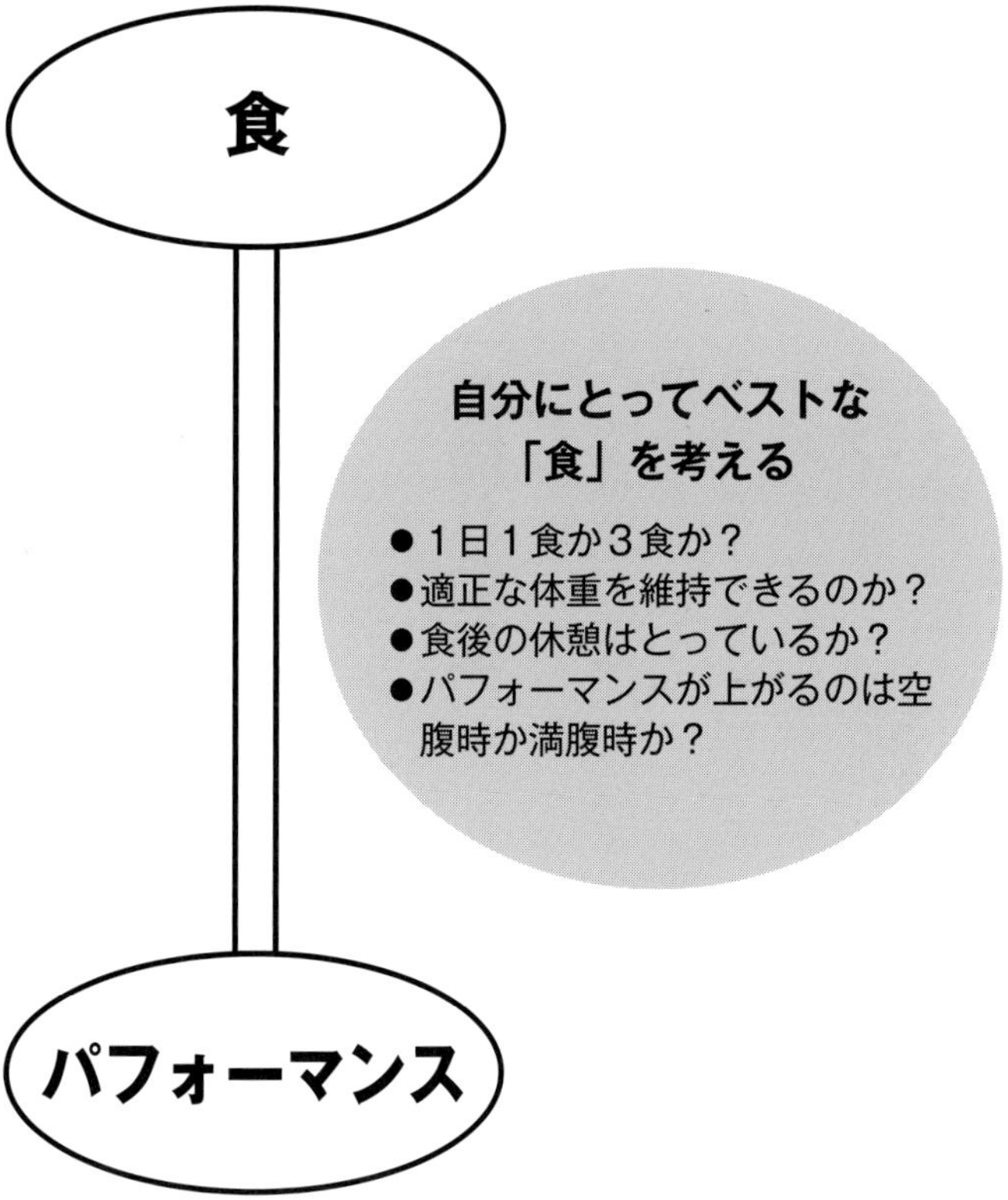
食
自分にとってベストな
「食」を考える
●１日１食か３食か？
●適正な体重を維持できるのか？
●食後の休憩はとっているか？
●パフォーマンスが上がるのは空腹時か満腹時か？
パフォーマンス

13 究極の時間術は「他人の時間」と「もったいない意識」

「精神と時の部屋」と同じ効果

第1章の最後に伝えるのは、究極の時間術のひとつです。

僕は子どもの頃から、マンガ『ドラゴンボール』に出てくる「精神と時の部屋」に憧れていました。「精神と時の部屋」とは、入ると1日が1年間になる不思議な部屋です。つまり、1日で1年分の修行ができる部屋なのです。僕もこの部屋に入ることができたら、人の何倍も結果が出せるのにとよく妄想していました。

しかし、現実的にはこのような部屋はありません。でも、時間を短縮したいという想いはずっと持っていました。

そこで、思いついたのが**「人の時間を使う」**という方法です。

創業者には2つのパターンがあります。ひとつめはFacebookのマーク・ザッカーバーグさんのようなスペシャリストから創業者になったタイプ。2つめは、アリババのジャック・マーさんのようなジェネラリストとして創業者になったタイプです。

後者のジャック・マーさんは、インターネットの知識は深くはないそうで、スペシャリストを上手く操縦しつつ、成功したようです。

他人の時間を使って自分の時間を生み出すという発想によって成功している人は本当に多くいます。多くの人たちの時間を使うことで、1人だったら数年かかることも、1日で達成することができるようになります。圧倒的な結果を出せるようになるのです。これぞ「精神と時の部屋」と同じ効果です。

世の中には自分1人でなんでもやろうとする人が多いものです。そこにはプライドがあったり、頼むのが下手ということがあるのでしょう。しかし、なんでも自分でやろうとして時間がかかってしまい、何もできない人もいます。これでは、自分の時間ももったいないですし、結果も出せなければ、何も残りません。

また、1人でやろうとして、全てを抱え込み、気づいたら自分の身体も心も悲鳴を上げ、自分を破滅に追い込む人もいます。

自分のやりたいことをやるために他人の時間を使って自分の時間を生み出すことを意識してください。他人が結果を出すことで、それが自分の結果にもなり、さらに自分の時間も生み出します。その時間で楽しむことができますし、もっと自分の結果を出すこともできます。結果を出している人や優秀な人ほど**周りを上手く巻き込んで活用**します。そうして自分の時間と余裕を生みだし、そこから**新しい利益**を生みだしています。

自分が不得意な仕事、ムリだと思う仕事、人に任せてもよい仕事、自分がする必要がない仕事は、人に任せてもよいのです。

確かに、あえて苦手なことにチャレンジし、自分の成長に繋げるということも必要なことかもしれません。しかし、限られた人生のなかでパフォーマンスを最大限に発揮するためには、**人を使う、人にお願いするという発想**は不可欠です。

⏮ 人にお願いする三種の神器

僕が人にお願いする場合、①**根回し**と②**感謝の気持ち**と③**お礼**の3点をとにかく大事にしています。相手の気持ちになって、どうすれば気持ちよくお願いを聞いてくれるかという視点を大切にしているのです。

また、なんでもかんでもお願いすればよい、というわけではありません。何より大切なのは、その人がパフォーマンスを最大限に発揮できるように感謝の気持ちを伝えながら、お願いするということです。さらに、頼む人に利益をリターンできる環境を作っておくことも大事です。つまり、キブ&テイクの発想が大切です。

「もったいないの意識」

僕は宮城県石巻市という地方出身で、大学も地方だったため満員電車には縁がありませんでした。でもいまは、満員電車に乗らないといけないことも多くなっています。

生まれて初めて満員電車を経験したときは、体力も精神力もかなり持って行かれました。そのため職場に着く前にすでにぐったり。ハッキリ言って満員電車はかなり無駄があると思いました。

では、タクシーはどうかというと、時間通りに着くとも限らないので精神的に負担もかかり、何より金銭的な負担があまりにも大きすぎます。

そう考えると、この満員電車での移動時間が「もったいない」と思うようになりました。そして、満員電車に乗っている時間を**意識的に使えばよい**という結論に達しました。

意識的に使うとは、例えば疲れている日は満員電車では頭も心もＯＦＦにし、余裕がある日は頭のなかでその日のスケジュールを組み立てる時間として活用するということです。満員でなければスマホでニュースを見たり、メールを処理したりするのもよいでしょう。

大切なのは、**無意識で乗っていたのでは、ただの「もったいない時間」になってしまう**、ということです。意識して乗っていれば満員電車の時間も有効に活用できます。

移動時間など一見して無駄に思える時間も**意識的に使うこと**で有効的に使えます。僕は大阪などへの出張で、新幹線に乗るときは本を2～3冊買って、一気に読むようにしています。このとき移動時間中に読み終わることを意識しています。2時間なら2時間という時間を決めて、その時間内に読み切ることをノルマにし、それをこなすようにします。ノルマを定めることで効率的に読むことができます。

人にお願いをする三種の神器

根回し

- 普段からコミュニケーションを取っておく
- いつ・どんな状態ならお願いできるか調べておく

感謝の気持ち

- 相手が気持ちよくパフォーマンスを発揮できるように、気持ちを伝える

お礼

- 相手に利益をリターンできるよう配慮する

第2章

愛されて成果を出す「ラクラク術」

14

「ラクしたい意識」が人生を変える

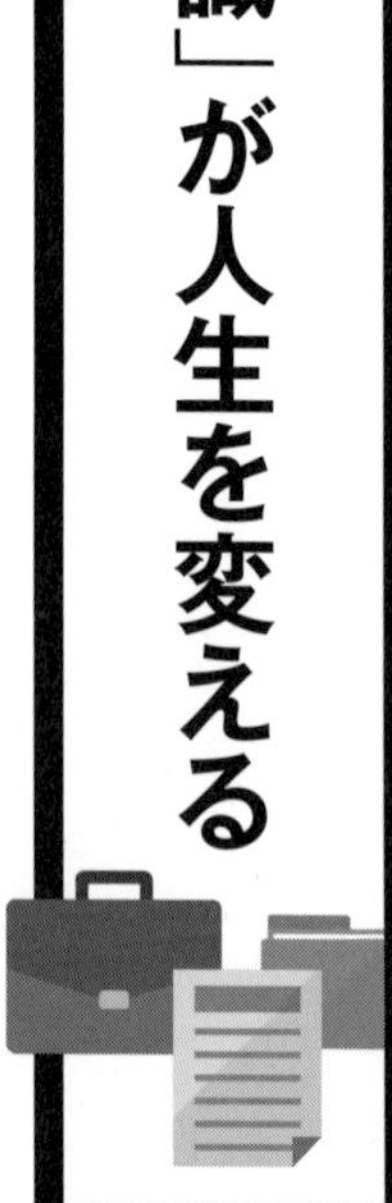

真面目は美徳か？

世の中は、ラクをしようと思えば驚くほどラクをすることができます。「真面目が美徳か？」と言われれば、僕は「それは違う」とはっきりと言いたいです。

「真面目」というと確かに聞こえはいいかもしれません。けれど、僕からすると「工夫することを放棄した」と同義です。そういう人に限って「あの人が悪い」「世の中が悪い」と言い始めるのです。

ラクをする努力を始めた瞬間から世界は変わります。

でも、世の中の人はラクをしようとしません。それはなぜか？

簡単な話です。多くの人が今の自分の方法に慣れているため、もっとラクな方法があったとしても、それを受け入れず改善しようとはしないからです。つまり、変えないのが「ラク」だと思っているからです。けれど、このような行為は、はっきりと言ってしまえば時間も労力もムダにしている愚かな行為であり、怠慢であり、「悪いラク」です。でも、それはしかたがないことでもあります。人間は変化を嫌います。新しい変化に慣れるまで、ある程度の苦痛と面倒くささが生じるからです。

しかし、思い出してください。

子どもの頃に何度も転びながら覚えたであろう自転車も、いったん乗るコツを覚えれば自分のからだの一部のように操作できたではありませんか。あれだけ免許証を取るのが大変だった自動車も、慣れてしまえば大変便利な乗り物です。最初は大変ですが慣れれば非常に効率よくなる事例はたくさんあります。

例えば、僕自身もここ1年で多くのことを改善しました。まずは家のパソコンのモニターを4台にして、マルチディスプレーにしました。最初は設置でいろいろと苦労しましたが、たった数万円と少しの労力で、仕事の効率はおそろしく上がりラクになりました。

また、生活も夜型からできるだけ朝型に変更したり、朝すっきりと起きれるようにカーテンを少しだけ開けて太陽の光で起きる工夫をしたり、食事方法も箸の持ち方から改善したり、肺活量を鍛え、身体の内部から鍛えることも意識しました。このように、日々の生活をできるだけ効率よくしました。

つまり、**ラクとは「自分の負担を減らし」「効率性」と「結果」を意識すること**です。

決して手を抜くことではありません。**単に「ラク」をしたいでは、ただの悪い怠け者です。**それは大きな違いです。自分の仕事の方法や生活などの効率性を意識し、「ラク」をしたいという意識でどんどん見直していくと、驚くほど**人生がラク**になります。そして仕事でもどんどん結果を出すことができ、仕事もプライベートも余裕が生まれ、楽しくなります。

今日から「ラク」をするための努力をしていきましょう。

この章では、先ほど挙げた以外のラクをする秘訣をどんどん紹介していきます。

⏭「ラク」するために努力する!!

ラクとは…

「自分の負担を減らし」
「効率性」と「結果」を意識すること

「もっとラクをしたい」

「もっと結果を出したい」

仕事の効率化

↓

仕事もプライベートも余裕↗

↓

人生が「ラク」に!!

15 他人に冷たく、自分に優しくすることから始める

八方美人は破滅の入り口

最近、「断る勇気」「嫌われる勇気」が大事だと言われています。この根底にあることは何でしょうか。

それはとてもシンプルです。「八方美人は破滅する」ということです。

もちろん心地よく生きていくには「嫌われない」ことは大事です。人の恨みほど面倒なものはありません。けれど、だからといって何でも断らず受け入れるというのは違います。好き嫌いの以前の問題であり、それは優しさでも何でもありません。

八方美人は、自分や周りの大切な人たちを不幸にしてしまいます。

みんなによい顔をして、周りの視線を気にして、周りに振り回されてしまうような人生では、決して幸せにはなれません。こういう人たちは本当はすごく「繊細」で、他人に対してとても「敏感」です。共感力が高いとも言えます。けれど、そのためにいろいろと我慢してしまい、自分の心も身体も痛めつけ、気づいたら自分の周りの大切な人たちも巻き込んで傷つけてしまいます。

僕も昔は八方美人なときがありました。人からのお願いや相談を全て引き受けていたところ、自分の時間がどんどん削られていき、次第にイライラし始めました。その結果、怒りが爆発。イライラによって周りに悪い影響を与えてしまいました。

今は極力、嫌なときは「嫌」、やりたくないときは「やりたくない」と言います。僕は聖人君主でもスーパーヒーローでもありません。誰が何を言ってこようが、僕は所詮、ただの人間です。そのため自分がしたくないムチャはしないようにしています。

「優しさ」が「甘え」になるとき

何でもお願いを引き受ける人は確かに重宝されます。それは簡単な話です。そのような人は周りからしたら「**都合のよい人間**」だからです。

都合のよい人間とは、どうでもよい人間であり、ただ利用されるだけの人間です。他人からお願いされたり頼まれたりするのは優秀で、できる人だからではなく、都合よく「使える」からなのです。まずは、そのことをしっかりと自覚することから始めてください。

これは僕が心から信頼している人から言われてハッと気づいたことなのですが、飲み会に誘われるのもそうです。「都合がよいから誘われる」のです。引き立て役に使えるとか、飲み代を負担してもらえるとか、そういう利用価値があると思われるから誘われるのです。だからこそ「こちらも利用価値があれば参加するべき」と言われました。このことはまさしくそうだなと思いました。

また、そんな利用したいときだけ連絡をよこしたり、優しさを無理強いしたりする人は、そもそも「ろくでもない人間」ということを覚えておきましょう。そのような人間は簡単に裏切り、困っていても何も手助けしてくれません。さらには「つきあうこと」を止めた瞬間に「急に冷たくなった」「なんでそんなことというの」「あなたのせいよ」「あなたが悪い」と理不尽なまでに激高し、こちらの責任にも転嫁してきます。

それは、「ろくでもない」人間ではない「普通の人」であったとしても、こちらが常に優しくすることで、気づいたら「優しさ」に慣れてしまい、それがこちらに対する「甘え」になり、礼を失ったり、舐めてきたり、失礼な言動が増えてきます。

そうなると少しでも何か言ったりすると「お前に言われたくない」というような顔で不機嫌になったり、攻撃性が強くなったり、こちらの話を受け入れなくなったりします。これでは仕事でもあっても生活であっても支障が生じます。僕はこのようなことを何度も経験してきました。

間違った優しさは**最終的には人間関係を悪化させる**ことを自覚しましょう。

「NO」と言えない人間は「ラク」できない

もちろん、僕は優しさをとても大事にしています。そして、「よい人になること」も否定はしません。けれど、よい人過ぎると自分も相手もダメにしてしまいます。

日本人はNOと言えないとよく評されます。しかし、**NOと言わなければラクな人生はとうてい訪れない**のです。断るべきことは断る。そのメリハリをつけることが自分の人生では大事です。

僕はメディアに出演していることもあって、嬉しいことに多くの人から食事会などに誘っていただきます。でも、僕の身体はひとつしかありません。すべての誘いを受けていたところ、自分の心も身体も追い詰められた感覚になってしまいました。そして断ることもできず、心身共に疲れ切ってしまいました。そのため心苦しかったのですが、しかたなく、誘いを断るようにしました。すると、「あいつはテレビに出はじめて調子に乗っている」と言われたりもしました（苦笑）。

最初は誘いを断るのは勇気が必要でした。でも、**自分を守るためには大事なこと**です。

また、プライベートでの法律相談でも、慎重に対応するようにしています。「費用がかかるかもしれない」という話を持ち出すと、そこから連絡が来なくなる人もいました。でも、そこで連絡が途絶えるということは、その程度の関係だったということです。しかし、お金を払ってでも意見を聞きたいという方とはその後もずっとお付き合いが続いています。ただし、無料でも相談を受けるときもあります。それは、自分が会って「心が動いたとき」のみと自分でルールを決めています。

その結果、僕はたくさんの時間を確保することできるようになり、一気に仕事も生活もラクになりました。おかげでいろいろな仕事ができるようになりました。

僕はプライベートで多少でもゆっくりする時間がないと仕事が頑張れないのです。そのことをはっきり言わないと自分が追い詰められます。優しい人、都合のよい人ほど仕事を押し付けられます。いろんな人に頼りにされて、その結果、自分の大切な時間まで削られて身も心もボロボロになってしまうのです。

そうならないためにも、今日から、**今までの他人に対する優しさを自分に対する優しさ**に変えていきましょう。それだけでかなり生活が変わりラクになります。

⏮ 非情が自分を救う

では、具体的にどうすればいいのでしょうか？

それは「**非情になること**」、つまり、**断る勇気を持ちなさい**、ということです。

まずは断る癖をつけて行きましょう。今まで八方美人だった人にはかなり大変かもしれませんが、少しずつ断る癖をつけて行きましょう。最初は大変ですが、そのうち慣れてきます。慣れてくると生活が変わってきます。断ることは、**自分や自分の周りの人たちを救う**と強く思ってください。

僕は何でも引き受けることは害悪にしかならないと思っています。たとえ、向こうに悪気はなくとも、そういう人に合わせていると身体も心も潰されてしまいます。自分の人生はひとつしかありません。その大切な人生を他人に食い潰されてしまうなら、NOと言わなければいけません。断らないといけません。たとえ、同情しても、非情になる、断るという勇気を持つことも大事なのです。

そして、断ることができるようになれば自分の時間が持てるようになり、それだけで仕事も生活もかなりラクになります。仕事もプライベートも充実して、さらによい人たちが集まってきます。

「損して得取れ」という言葉があります。得を取れればよいですが、損ばかりというのは絶対にやってはいけないことです。それでも「いや、僕が犠牲になればよいから」という人がいます。

自己犠牲の精神は立派です。しかし、自分だけが犠牲になるのはよいとしても、結果、周りも迷惑をこうむることがあります。**家族や大切な人にまで迷惑をかけることは決してよくありません。**自分や自分の家族、大切な人は犠牲にしない。そのためには冷たいようですが、非情になる場面も必要なのです。

あまりにも理不尽な人間や暴力的な人間に対しては、一切寛容にならず、我慢を超えるようなことがあれば、容赦なく非情となり、関係各所に伝えたり、通報したりとしかるべく手段をとるべきです。ただし、このときに復讐だけはされないように見せ方、やり方には細心の注意が必要となります。

八方美人は破滅する

断ることが自分や
周りの人たちを救う

16 一流の人間が持っている「愛嬌力」

「めんこい」人間になる

よく、「印象をよくした方がよい」と言われます。しかし、どうしたら印象をよくすることができるのでしょうか。そこで必要なのは「**愛嬌力**」だと僕は思っています。愛嬌力こそ最強の力です。

今まで僕は多くの芸能人に会ってきましたが、一流の芸能人にはこの「愛嬌力」があると思います。テレビの画面では怖そうでも、実際に会ったときに「愛嬌力」があります。また、一流の経営者やビジネスマン、営業マンも同様です。

逆にご挨拶したとき、名刺を渡そうとしたときに「調子に乗っている人間」「天狗になって

いる人間」「人を下に見ている人間」「失礼な人間」はすぐにわかります。

どんなに大層な肩書を持っていても、人に不快感を与えてはいけません。もちろんそういう人のなかにも「よい人」はたくさんいると思います。また、変な人が近づいてこないように「あえて」やっている人もいると思います。

けれどそれは、じっくりと話して初めてわかることです。相手に対する印象が最悪なままでは、僕は「もったいない」と思います。また、印象が悪いといらぬ噂を生み出し、仕事にもプライベートにも大きな影響を与えます。


では、愛嬌力とは何でしょうか？

それは「**人に愛される力**」です。僕が生まれた東北地方では、可愛らしいことを「めんこい」といいます。この「めんこい」人間になることが大事なのです。めんこくなれれば、愛されるようになります。

もっと簡単にいえば「**顔をクシャっとした自然な笑顔**」ができるかどうかです。愛嬌力がある人は、笑顔の使いどころが上手いです。一見して怖そうな人でも、笑顔を見せることによって、人の心に入り込みます。そこに**ユーモア**があれば、よい印象が残るようになります。

⏮ 最強の組み合わせ「愛嬌×非情」

世の中には天才、秀才、優秀な人間はたくさんいます。そんな人の多くは孤独になっていたり、笑顔が苦手だったりするように思います。

僕からすればそういう人は「とてももったいない」と言わざるを得ません。有名大学を卒業した人、プライドが高い人、成功し始めた人ほど、そういう傾向にあります。自分の能力を過信しているのです。無駄に敵を作ると何もよいことはありません。能力の高い人のなかには、他人を力で支配しようとする人もいます。支配することがいけないとは言いませんが、それでは大きなリスクを抱え込むことになります。

リスク管理ができれば他人を支配してもよいと思いますが、**歴史を見ると支配者は下剋上で倒されています。**他人を力で抑え込むためには、それをなしうるほどの能力を持ってないと不可能です。そこまでの能力がない人が自分を過信するのは不幸を生むだけです。少なくとも僕にはそういった力はありません（笑）。

愛嬌があれば他人は離れて行きません。それどころか人は集まってきます。人が集まれば良い機会にも恵まれます。

愛嬌を大事にすると人生の大部分が変わり、人間関係もラクになります。121頁で、「非情になる」ことを勧めましたが、愛嬌があれば断っても愛され、人間関係も良好なままのことが多いものです。そのため、「愛嬌×非情」と一見して矛盾している組み合わせがあると最強です。

⏮マンガの主人公のように

人に好かれる力、愛嬌力というのは人生を通じて必要な力です。職場でも愛嬌のある人は男女両方からモテるし、多少の失敗も許されます。また、職場を盛り上げ、円滑にする存在として重宝されます。そして、何かあっても周りが助けてくれるし、孤独にならなくてすみます。

マンガの主人公にはこの力を持っている人が多いです。例えば、僕が大好きなマンガ『NARUTO』の主人公のナルトや、国民的アニメのサザエさんも、まる子ちゃんもこの力を持っています。だから、極端な話、マンガの主人公を真似ればよいのです。

愛嬌力を軽視したり、そこを意識しなかったりした場合、どんどん人間が離れ、チャンスからも見放され、気づいたらラクな人生ではなくなっています。

⏮「愛嬌」が社内トラブルを防ぎ、会社の業績を上げる

ここまで書いても、今までの方がラクだと思う人もいるかもしれません。

けれど、はっきりと言います。それは「悪いラク」です。最初から他人から愛されようと無理をしなくとも、そういうことを意識したり、そういう雰囲気を醸し出すだけでもよいのです。それだけで人生はずいぶんとラクになると思います。

もっとも、「愛嬌力」といってもなかなか身につかない場合もあります。その場合は、愛嬌がなくとも**「愛されるように見せればよい」**のです。

まずは、他人の悪口を言わないようにするなど、そんなレベルでよいのです。自然な笑顔が無理でも、いつも作られた笑顔でもよいので笑顔でいるとか、朝の挨拶は笑顔でいるとか、そういうことができるかできないかで大きく違うものです。それを心掛けることで、そのうち自然な笑顔ができるようになります。

上司や取引先にも明るい人間の方がウケはよいものです。暗い人間にはたとえ優秀でも仕事を頼みたくなくなります。そもそも雇いたいとも思いません。

また、愛嬌があるだけで社内でのトラブルを防止することに役に立ちます。

弁護士として多くの労働トラブルを解決してきましたが、多くのケースでは、「コミュニケーション」が不足しているのが原因でした。コミュニケーション不足の解決方法のひとつが「愛嬌」です。すべての社員が少しの愛嬌を持てばパワハラやセクハラなどの問題を少なくできます。また、社内の雰囲気もよくなるため、**会社全体の業績も上がります**。

僕は社員には「どんなに大変なときでも辛いときでも笑顔でいよう。笑顔でいれば幸せは来る。人は寄ってくるよ」と言っています。そういうことを意識して欲しいのです。

⏭ 人に愛される力を持つ

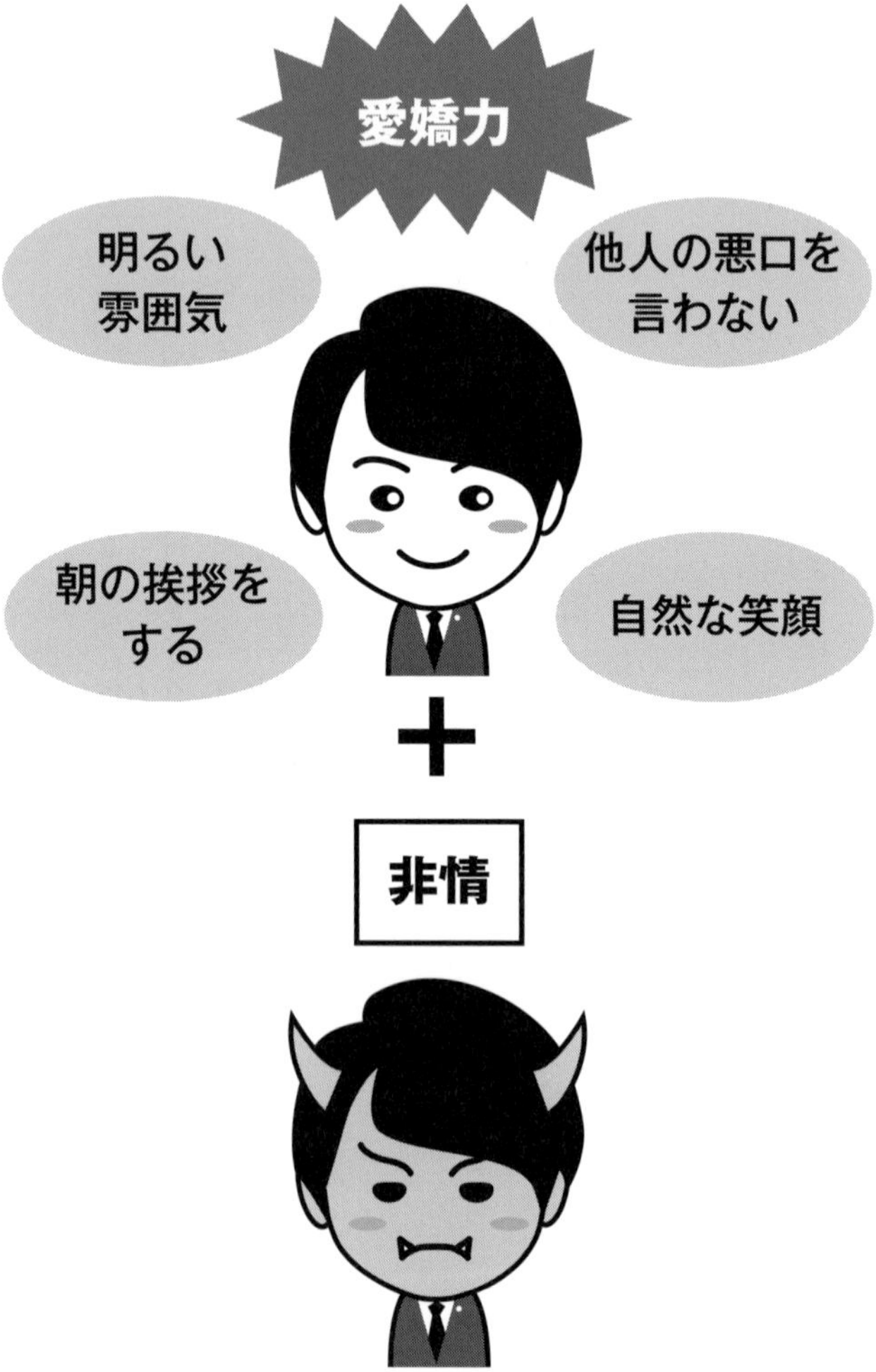

17
ラクをする者は見せ方がうまいし、人に愛される

人に愛されるラクのしかた

効率的な生き方とは「最小の労力」で「最大の結果」を、ラクしながら出すことです。

しかし、あまりにも効率のよい生き方は人の嫉妬の対象となり、「あの人は頑張っていない」と陰口を言われたり、嫌われたり、足を引っ張られたり、人間関係的にかえってマイナスになることもあります。

つまり、ラクをする見せ方を誤ると全てが台無しになる危険性があるのです。

そのため、よいラクをする人になるためには、「**よい見せ方**」をしなければいけません。それを間違うと、ただ怠けているように見えてしまいます。すると他人からの評価は下がります。

よいラクをするには**人に愛されるラクのしかた**を心がけることです。

ただし、何度も言っている通り、結果も出していないのにラクをするのは論外です。

同僚に愛されるのは努力型

どのような会社にも優秀な人はいるはずです。他の人が10時間かかる仕事を1時間で済ませてしまう人はいます。だからといって、残りの9時間を遊んでいたらどうでしょう。

たぶん、その人は上司や経営者には「結果を出しているのだから遊ぶのは当然のことだ」と言うでしょう。上司や経営者の立場から客観的に見ると「結果を出しているのなら遊んでいてもよい」という評価になります。でも、上司や経営者がそう評価したとしても、社内の同僚からは決してよく思われません。それが「現実」なのです。

僕が、新人弁護士だった頃、ある優秀タイプな弁護士がいました。他の弁護士より数倍、仕事が早く、いつも定時前には仕事が終わるのです。一方、努力タイプの弁護士もいました。この人は一生懸命に仕事をし、ときには徹夜で仕事に取り組みます。社内で愛されていたのはどちらのタイプかというと、努力タイプで愚直に頑張っている人でした。

何が違うのかと言うと、**「見せ方」**なのです。

その優秀な弁護士は、仕事が早く終わると遊んでいたことによって、周りから「鼻につく人間」と見えていたのです。この弁護士がよくなかったのは、優秀さを主張し、遊んでいることを自慢していたことです。確かに、優秀タイプの弁護士に対する周りの評価は理不尽かもしれません。でも、僕に言わせれば、**「見せ方が悪かった自分の責任」**とも言えます。

せっかく高いスキルと能力を持っていても、見せ方を誤ると社内での自分の立ち位置が微妙になり、給料も上がりません。そして孤独になり、やがて「自分の居場所はここではない」と思うようになり、会社を辞めることになります。これは優秀な人材が流出することにつながり、会社からしても明らかな大きな損失です。

映画でのジャイアン理論（『ギャップ』理論）

では、具体的に何をすればよいのでしょうか。それほど難しいことではありません。もちろん、周りに仕事時間を合わせるのが手っ取り早いですが、それでは、ラクを追求したにもかかわらず、仕事が増えてしまい、本末転倒になってしまいます。

優秀な人は孤高の天才にも見えます。だからこそ、その「ギャップ」を利用すればよいのです。国民的アニメ『ドラえもん』のジャイアンは、普段はのび太くんをいじめる乱暴者として描かれています。しかし、映画では、友情に熱いのび太の友人として描かれています。そのため、ジャイアンは実は良い奴として評価されています。不良が雨の日に猫に傘をさすことも一緒です。

つまり、**たまに同僚の手助けや良いことをすればよい**のです。そうするだけでも、ギャップ理論により、周りの評価は変わります。

また同時に、124頁で伝えたとおり愛嬌を持つことも大事です。愛嬌とまでいかなくても「謙虚」であるだけでも全く違います。

いくら仕事ができても敵が大勢いると悪意によって足を引っ張られます。僕はそうして葬られた人をたくさん見てきました。優秀であればあるほど、他人は全力で足を引っ張ろうとします。台無しにしようとします。それほど他人の嫉妬や妬み、恨み、負の感情というのは恐ろしいものなのです。

だから、自分の結果を自慢せず、ひたすら謙遜になることです。謙虚になれば、無駄な敵も作らないし、憎まれることも少なくなります。**たまに周りを助け、謙虚でいれば他人の反感を買うことは少なくなります。**

⏮ 結果が出せなくても「見せ方」で変わる

結果が出せない人間も「見せ方」ひとつで、周りの評価を大きく変えることができます。

はっきりと言うと、結果を出せない人間は「見せ方」くらいよくないと、周りの評価は最悪になります。仕事も全くできないのに、自己主張ばかり強い、上司や周りのアドバイスもきかない、悪口ばかり言う、人のせいにしてばかりいる、サボることばかり考えている。これは**本当に最悪な見せ方**です。自分で自分を追い込んでいる生き方です。

仕事でなかなか結果を出せない、仕事が上手くいかない人は、とにかく笑顔でいること、人の悪口を言わないこと、一生懸命頑張っているのを見せること。これだけで周りの評価はかなり変わります。

些細なことですが、挨拶をしっかりするだけでも周りの雰囲気はずいぶんと変わります。仕事場から帰るときはさっさと帰るのではなく、「お疲れさまです。今日もありがとうございました。失礼します」と言ってから帰る。すると大した仕事をしていなくても「いい奴だな」と周りは思うものなのです。明るさはすごく大事です。

猫のような「甘え上手力」が大事

社会では「出る杭は打たれる」と言われますが、逆に出過ぎた杭は打たれない、とも言われます。しかし、出過ぎた杭になるのはとても難しいことです。

出た杭のままで活躍しようとすると「目障り」だと思われ、打たれてしまいます。本当に人の嫉妬ほど恐ろしいものはないのです。そこで打たれないようにするためには、「甘え上手力」を身につけることが大事です。

甘え上手力というのは、愛嬌とも根回しとも違い「**甘え上手に振る舞う力**」ということです。ただ、愛嬌がある、根回しがうまい、というだけはなく、周りの人間関係を把握したうえで、まるで猫のように甘え上手の振る舞いができるということです。

人は基本的に甘えてくる人に対して攻撃性を向けません。

全ての人を敵に回しても頑張れるのは一種の才能ですが、平凡な人間にはそれはできません。そのため、この甘え上手力が大切なのです。

ただ、全ての人間に甘え上手力を発揮する必要はありません。甘え上手力を使うべき人間を見極めてください。「**尊敬できる人間**」「**自分を守ってくれる人間**」「**攻撃性が強い人間**」という3パターンに対して甘え上手力を発揮すれば十分だと思っています。

ただし、「理不尽な人間」「暴力的な人間」に甘え上手力を使うことは避けてください。そういう人に甘えたら、こちら側に理不尽な命令をしてきます。一度受け入れてから断ると、怒涛のように攻撃をしてきます。そういう人間には近寄らない、無視することが鉄則です。

⏮ 真面目より多少のチャラ男

会社では、近寄りがたい真面目過ぎる人より、少しチャラチャラしていても明るく気さくな人の方が生き残ります。そういう人の方が自分の部署はもちろん、自分の部署以外の人たちからも愛され、社内の多く人とコミュニケーションが取れているため、重宝される場合もあります。

大切なのはちょっとした工夫です。そのちょっとした工夫で、仕事ができる人も、仕事ができない人も、社内でも社外も敵を生まなくてすみ、恨まれずにすみ、ラクに生きて行けるようになります。

見せ方がうまい人は、結果が違うものになるのです。見せ方をきれいにしておけば全てがハッピーになるし、人生はもっと豊かでラクになることを覚えておいてください。

⏭「見せ方」一つで評価は変わる

デキる人間の愛される「見せ方」

- ☑ 同僚を助けてあげる
- ☑ 愛嬌と謙虚さを持つ
- ☑ 自慢しない

すべき!!

結果を出せなくても「見せ方」で変わる

- ☑ 笑顔でいる
- ☑ 人の悪口を言わない
- ☑ 明るく挨拶する
- ☑ 一生懸命頑張る

すべき!!

18 「自然と助けたくなる人」になる

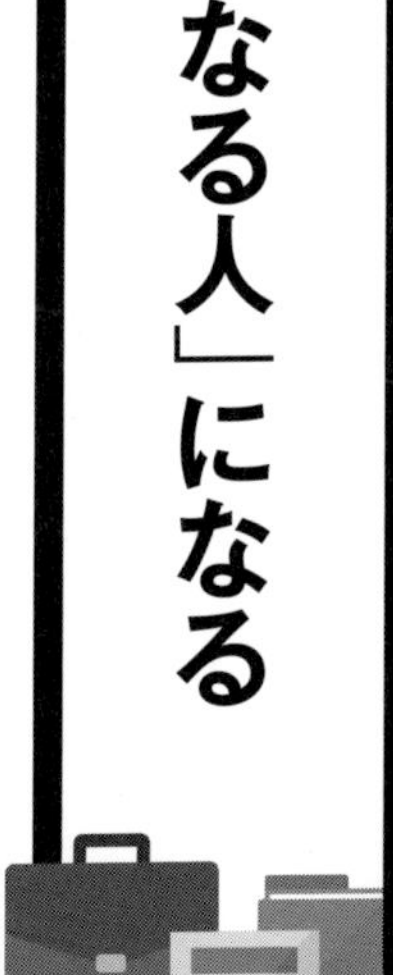

人は1人では生きていけない

人生は何が起きるかわかりません。世の中の多くのことは予測とリスク対応で防げますが、それでも、避けられない大きなトラブルもあります。

こういうときに大事なのは、いかに周りの人たちが助けてくれるか、だと思っています。大きなトラブルが起きてしまった場合には、1人では解決はできません。周りの力が必要となります。そして、周りの手助けがあった方が、「ラク」に解決することができます。

当然ですが、どんなに格好をつけても、人は1人では生きていけません。いろいろな人に助けてもらいながら生きています。そのため、日ごろから何か起きた場合に、助けてもらえるような人間にならなければなりません。

アンダードック効果

もちろん、愛嬌力や愛される力があれば、多くの人たちが助けてくれると思います。しかし、心理学を使って自然と助けてくれるような状況を作り出すこともできます。それは「**アンダードック効果**」、負け犬効果を意識して使うということです。

よくアイドルが「CDを1万枚手売できたら正式デビューできるんです」とPRをすることがあります。あれは可哀そうな人には手を差し伸べたくなるという、負け犬効果を使った心理作戦のひとつです。自分を**あえて可哀そうに**見せ、**情けなく**見せるのです。それによって相手が手を差し伸べたくなる状況を作るのです。

実は、僕の人生でも何度かこのような作戦を使ったことがありますが、使い方によってはその効果は絶大です。

確かに、自分を大きく見せること、しっかりとした人間に見せることは大事です。しかし、時には情けない姿、可哀そうな姿を見せることで、手を差し伸べてくれる人がたくさん現れるのです。

さらに、このテクニックは、しっかりしている人にも使えるテクニックです。意外な面を見せることでギャップが生じて、「この人を助けてあげたい」と思ってもらえるからです。

ただし、重要なのは、あまりに使い過ぎてはいけない、ということです。多く使ってしまうと、本当に弱くて情けないように見えて、いつも甘えてばかりのダメダメ人間と捉えられてしまいます。

そのような人間には誰も手を差し伸べてくれません。普段は強い人、いつもは頑張っている人が、可哀そう、助けて欲しそうと見せることがポイントです。また、使いどころは、本当に人の助けが必要なときです。ここぞというときで使うことによって、ピンチをチャンスにできたり、絶体絶命の状況から抜け出すこともできます。

マンガではよくあるシーン

僕は、このアンダードック効果を**多くの人に使って欲しい**と思います。

世の中には虚勢を張り続ける人、弱音を見せない人がいます。そんな人は弱いところを見せると人が去って行く、と思っています。そのような人こそ、アンダードック効果を上手く使うべきです。また、逆にいつも使っている人は、その大前提として「普段は頑張っているからこそ使えるテクニック」だということを覚えて欲しいと思います。

マンガ『るろうに剣心』の主人公である緋村剣心がまさにそのタイプです。日ごろ強い人間なのに、心が折れかかったとき、周りが手を差し伸べてくれます。同じように、マンガ『キングダム』でも、普段強気である主人公の信がくじけそうになるとみんなが協力してくれます。マンガの登場人物は無意識で使っているように描かれていますが、意識的に弱みを見せるようにするのも、リーダーの素質であると思います。完璧なリーダーよりも、弱さのあるリーダーの方が仲間に団結力が生まれます。

あなたは童話『狼少年』のようになっていないか

「自分が一番」「自分は間違っていない」「自分は悪くない」と、周りからの忠告に耳を貸さないタイプの人は、いざという時に周りが助けてくれない傾向が強くなるものです。それは周りが「だって自己責任でしょ」と思うからです。そのため、日常生活の段階から、自分が周りにどう見られているのかを考えるべきです。

人生をラクにするためには、人にどのように見られているのか、ということと同時に、日ごろの生活態度も大事になってきます。童話『狼少年』と同じように、日ごろの行いが悪いと、いざというときに誰も助けてくれません。

⏭「アンダードッグ効果」を使う

『弱さ』のあるリーダーの方が仲間は団結する

普段は…

自分を大きく見せる
自分をしっかり見せる

時には…

自分を敢えて可哀そうに見せることで相手が手を差し伸べてくれる
弱みを見せることも大事！

↓

自然と助けてもらえる

19

自分を権威づけるブランディング

情報も人も集まってくる仕組みを作る

ラクして効率的に生きるためには、**自分はできるだけ動かない**、ということも大事です。時には人との縁を作るために、自分から飲み会、食事会、パーティなどに行くことは大事です。しかし、そんな集まりばかりに参加するのは疲れるし、お金も時間もかかります。だから、最終着地点としては自分が動かなくとも、自分に情報や人が集まる仕組みづくり、流れを作ることが大事です。

その流れを作るのが「**ブランディング**」です。

僕が言うブランディングとは、簡単にいえば「**自分に対する信用や信頼を高めるためのイメージを作ること**」です。もっと簡単にいえば「**自分の価値を高めること**」です。自分の価値を高めれば、自分が動かなくとも向こうから情報や人が寄ってくるという仕組みを作ることができます。

これを意識しなくてもできる人がいます。それは「カリスマ性」を持っている人です。カリスマ性がある人は魅力もあるため、自分から動きません。立っているだけでも注目を浴び、情報や人、さらにお金や時間も寄ってきます。そういうカリスマ性を持っている人は最小の労力で最大限の結果を出します。

しかし、多くの人はそんなカリスマ性を持っているわけではありません。いくら頑張っても「カリスマ性」を持てない人の方が多いでしょう。僕自身もそうです。ただし、あることをすれば、カリスマになれる、とは言えませんが、カリスマの一歩手前、準カリスマくらいにまでは行けると思っています。

それが「**ブランディング**」**の力**です。

⏮ 自分という商品を選んでもらう

普通の人は自分のイメージすら作れていません。これは非常にもったいないといえます。さまざまな商品を並べている店に行ったとき、そのなかからどの商品を選ぶかと考えると、ブランディングがしっかりとされている商品を手にするものです。ブランドというのは信用、信頼、安心につながるものです。これと同じように**自分という商品**を選択してもらうために、ブランディングをすることはとても大事なことです。

個性のある商品と無個性の商品があったのなら、１００人が１００人とも個性のある商品をチョイスします。これは人であっても同じです。個性があって自分のブランディングがしっかりしている人が注目されるのです。

そのためには「**選ばれる立場になること**」が重要です。そのことで自分が動かなくとも情報や人の方から近寄ってくるのです。そうすれば飲み会や食事会、パーティで自分から声をかけなくとも、向こうから声をかけてきます。よい循環が生まれます。そんな良い循環を作る仕組みづくりの第一歩が、ブランディングです。

恐ろしいブランディングの効果

僕は自分の法律事務所は何に強い法律事務所なのかということをブランディングしています。主な分野をエンターテイメント、学校問題、インターネット問題、男女問題などとし、これらの分野に力を入れているというブランディングを意識しています。また、僕自身もテレビに出ている弁護士、本を出している弁護士、法律事務所の経営者というブランディングをしています。だから、僕が一生懸命に営業に回らなくとも、仕事がどんどん舞い込んできます。全国からテレビ出演、セミナー講演、ドラマの監修、本の執筆などの依頼が来ます。国内だけでなく海外からも依頼がきます。どれも自分から営業したわけでもないのにです。

これは、僕がわかりやすいブランディングをしているからです。**金髪の中途半端な落ちこぼれだった人間が弁護士になった、**というのもひとつのブランディングから生まれたものです。僕は過去のマイナス点も自分のブランディングに役立てているのです。

僕自身はとても平凡な人間です。はっきりいえば、僕なんかよりも優秀な弁護士はたくさんいます。それでもそんな弁護士ではなく、僕のところにテレビやセミナー、ドラマ、本などの依頼が来るのは、僕自身のブランディングがしっかりしていてわかりやすいからです。実は、優秀で一流大学を卒業して弁護士になった、という人は圧倒的な多数派なので弁護士の業界では無個性とも言えるのです。

僕はいま、5年後、10年後にはさらに楽しく、かつラクになるような仕組みづくりをしています。極点な話、今の法律事務所を下剋上があって追い出されたり（笑）、何かあって働けなくなっても、お金が入ってくるような仕組みを作っておくことが究極の目的です。その仕組みづくりのためにブランディングはしっかりと作る必要があります。

自分の「売り」を明確にする

では、どのように自分をブランディングすればよいのでしょうか？　そのためは「自分の売り」を明確にしなければなりません。

自分の売りを明確にするためには、「自分を商品」と考えることです。他人に「自分」という商品を買ってもらうためには、自分自身を客観的に考え、自分のどこを売りにすればよいのか？　ということを考えることです。

「売り」がないような商品を他人は買ってはくれません。

多くの人は、自分には「売り」がないと困っています。けれど、売りのない人はいないと思います。得意分野や専門分野といった売りとなるポイントは必ずあるはずです。

難しいスキルでなくとも、マンガには詳しいとか、アイドルの知識については誰にも負けないとか、そんな趣味でもよいのです。ビジュアルでもよいし、笑顔でもよいのです。いくつもリストアップしてください。僕のように過去のマイナスを売りにしてもよいと思います。ただし、注意することは、そのすべてをアピールしてはいけないということです。なんでもかんでもアピールすると逆に無個性になります。

アピールすることを決めたら、**どれを最大限自分の「売り」にするかを明確に**してください。そして、徐々に「売り」を増やしてください。最初から何でも屋では誰からも選ばれませんので要注意です。

⏮「SNS」で発信

売りが決まったら、次はどうやって買ってもらうか？　ということです。

そのために「自分という情報」を発信することが大事になります。発信するにはSNSを使います。ブログやTwitter、Facebook、インスタグラム、YouTube、さまざまな情報発信のためのSNSがあります。そういうツールを活用して、少しずつ自分の情報をアピールしていきます。そうすると、少しずつ「○○といえば○○さん」というようにブランディングされていきます。自分の売りがはっきりしていれば人は寄ってきます。それによっていろいろなチャンスが舞い込んできます。

自分をブランディングする

自分の「売り」を決めて
情報発信する

他人が認識することで
ブランドとして確立される

20 頼れる友達を増やす

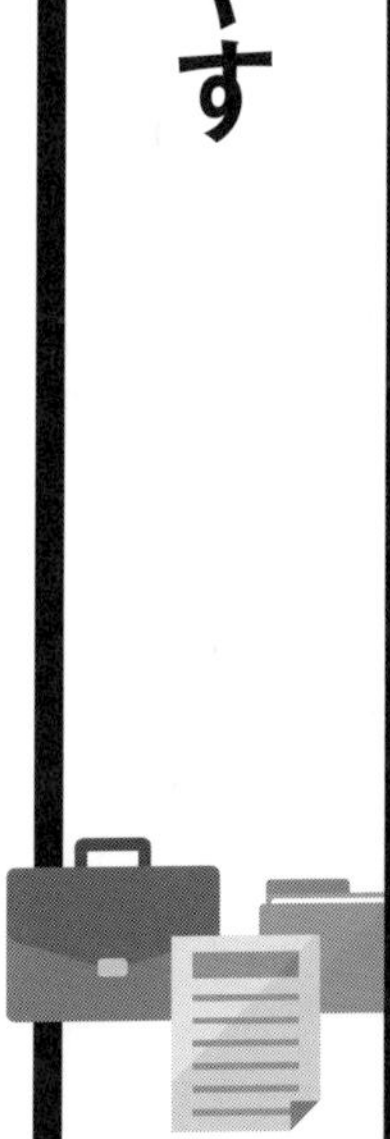

「敵に勝ちて其の強を益す」

孫子の格言に「敵に勝ちて其の強を益す」という言葉があります。これは敵に勝ち、その敵を味方につけることで自分の力を増やす、という意味です。

数千年前の孫子の時代からすでに、味方だけでなく敵も上手く活用し、自分の実績として成功を手にする戦略が考えられていました。その戦略は今の時代においても不変です。

ただし、今の時代はライバル企業を倒すのではなく、Ｍ＆Ａによってライバル企業を吸収し、競争力をつけて自分たちの力を確固たるものにします。

僕は法律事務所の経営者、弁護士、コメンテーター、執筆、セミナーと幅広く活躍させてもらっていますが、敵も味方も関係なく、全ての人の力を活かすことによって利益を最大限に高めることを常に考えています。僕がここまでできているのは、間違いなく多くの人たちの力があるからです。

マンガ『ONE PIECE』にでてくるキャラクターにはそれぞれ、ちゃんと役割がありますよね。リーダーのルフィ、剣士のゾロ、航海士のナミ、コックのサンジ……。リーダーのルフィが剣士や航海士、コックなどの全ての役割をする必要はありません。リーダーは何かに特化しなくとも、まんべんなくある程度できればいいと僕は考えています。

同じようにゲーム『ドラゴンクエスト』や『ファイナルファンタジー』では勇者や戦士、魔法使い、賢者などが登場します。そういう仲間を集めることで自分のパーティが最大限の力を発揮することができます。

頼れる人はどんどん仲間にするか、味方にすると、**もっと大きな力**になるし、自分ができないことは人に任せることができるため、人生がもっとラクになります。

⏮ 自分が「幸せ」になるために人を活用する

頼れる仲間、味方を増やすことが大切です。それは敵やライバルも含まれます。そういう人たちを利用することが重要です。

「他人を利用する」と聞くと「えっ！」と思う人もいるかもしれません。しかし、自分の利益をあげるため、自分の時間を作るため、自分の成功を何倍もスピードアップするため、つまりラクをするためには他人に頼るべきです。

人生の時間は有限です。能力が高い人、低い人、お金のある人、ない人…人は平等ではありません。でも、時間だけは誰に対しても平等です。やりたいことがたくさんあるのなら、限りある時間を有効に使わなければなりません。時間を有効に使うことで他の人が何十年もかかることでも早くに成し遂げることが可能となります。

そのために必要なのが、**頼れる仲間や友達を増やす**ことなのです。

仲間を作るときには「よい人」を選ぶ、ということを意識してください。悪い人を周りに置くと自分を滅ぼしてしまう結果になってしまいます。

成功し始めたり、実力がつき始めたり、有名になり始めたりしたら、自然と人が集まってきますが、なかには「悪い人」も確実にいます。116頁でも記載したとおり、悪い人の誘いを断っていけば、素晴らしい人間関係ができていきます。本人は、よい人なのに、周りにいる人間によってダメになった人、破滅した人を嫌というほど見てきました。

また、人を使うのはよいですが、人に使われてしまうのはマイナスです。自分が「人を使う」という視点を明確にしたうえで、人脈を増やすことが大事になってきます。

人を活用すると言うと、それは失礼なこととか、よくないことだと思う人もいると思います。しかし、**成功する人や幸せを掴む人は意識的にも無意識的にもうまく他人を活用**しています。

組織のなかでは、能力は平凡だけど、やけに愛嬌がある人、根回しのうまい人、人当たりのよい人には周りに人が集まってきます。人が寄ってくることで成功を掴みやすくなるのです。なので人や情報が自分に集まってくる仕組みづくりも大事です。他人をうまく活用することで、**大きいことを成し遂げることも可能**となります。また、別に大きなことを成し遂げようとは考えていない人でも、他人をうまく使うことで落とし穴にはまらなくてすみます。

他人は助けてくれる存在です。

頼れる仲間がたくさんいれば、「それはやってはいけないよ」とか「この道は危ないよ」と不幸になる前に止めてくれます。そういう仲間を増やすことが大事です。

人生をラクに生きるには、他人がとても大事です。他人をうまく使って余った時間を自分の趣味で楽しむこともできます。ゲームをしたり、マンガを読んだり、恋人とデートしたり、家族と旅行に行く時間にすればよいのです。

⏮ 友達や知り合いのカテゴライズ化

では、具体的には、どのように人を使えばよいのでしょうか。まず大事になってくるのは、友達や知り合いのカテゴライズ化です。

これまた大変失礼な話ですが、友達関係を整理することは大事です。多くの方は無意識にしているとは思いますが、意識的に友達をカテゴライズしてみましょう。

ちなみに、僕は**「癒してくれる人」「仕事を任せられる知り合いや部下、同僚」「情報を得られる知り合い」「人を紹介してくれる知り合い」「とことん遊んでくれる友達」「心から信頼している友達」**などのカテゴリーをしています。

例えば「癒してくれる人」というのは、彼女・彼氏、奥さん・旦那さんということになります。甘えられる、愚痴を言える存在というのが大事です。「遊ぶ友達」は自分の精神的・肉体的なストレスをリフレッシュできる相手として絶対に必要だと思います。「仕事を任せられる知り合いや部下、同僚」もラクをするためには不可欠です。また「情報を得られる知り合い」とは、専門家で知識を持っている人、弁護士、医師、行政書士、司法書士、税理士の知り合いは増やした方がよいです。自分の利益にプラスできるような知識や経験、知恵を得ることができるので、そういう友達や知り合いは増やすべきです。

⏮ 無償は愚かな行為である

知らない人に頼るよりは知っている友達を頼ったほうが確かです。ただし、それらの**情報を無料で得ようと考えてはいけません。**友達であっても何かしらの対価は払うべきです。対価はお金に限りません。お礼の気持ちをしっかりと伝えるとか、友達を紹介するとか、贈り物を送るなど、自分ができる範囲内で対価を支払えばよいのです。

そういうギブ&テイクを考えることがよい関係を築くうえで大事です。どちらかが無償という甘えた関係は絶対によくありません。

専門家は日頃から利用されることが多いので、お礼を言われたり、感謝の言葉を言われたりするだけでとても嬉しいものです。専門家を利用するときも、マナーを守ることが大事です。

人脈はとても重要です。優れた人は、すれ違うだけでもそこから縁を築くことができると言われています。愚かな人は縁をひとつも築けないと言われます。人とのつながりや人脈を嫌がる人もいますが、**人は財産であり、かけがえのないもの**です。

⏭ 人は財産

（頼れる友達を増やそう!!）

21 人を巻き込む

辛さは半分、利益は数倍

頼れる仲間たちを増やしたら、今度はラクをするために「**人を巻き込む**」ことが必要になってきます。

けれど、「ひとりで仕事をした方がラクだ、他人に任せるとかえって時間がかかる」そう考えている人は多いようです。能力が優れていてプライドの高い人ほど、他人に任せないで何でも自分で抱え込んでしまう傾向があります。

確かに他人に任せるより自分でやった方が早い場合もあります。しかし、よく考えてみるとわかることですが、他人を巻き込んだ方が結果的には幅広く仕事ができます。効率よく結果を出し、ラクをしながらも利益を最大限にするためには、他人を巻き込んだ方がよいのです。何より、1から10まで全てひとりで抱えるのは辛いものです。他人を巻き込む力を磨いておかないと、多くの仕事や様々な感情、人間関係のトラブルを抱え込み過ぎて、潰れてしまったり、病んでしまったりすることにもなります。

他人を巻き込んだ方がよいところは巻き込み、自分がやった方がいいことは自分でやる、という使い分けが大事です。人を巻き込んで、辛さは半分、利益は数倍と考えましょう。

「三人集まれば文珠の知恵」「三本の矢」

僕はどちらかというと、ひとりで黙々と仕事をしたいタイプです。そのため、最近は家で仕事をすることを多くしています。やはり家の方が仕事ははかどります。

昔は1週間、毎日のように事務所にいたのですが、今では事務所に出るのは週に3日から4日程度。それが出来るのは、人を巻き込み、自分以外でもできることは事務所のメンバーを信頼し任せ、僕は自分がなすべき仕事だけに集中できるようになった結果です。

そんな僕も独立して最初の数か月は、全ての業務をひとりでやっていました。経営をし、弁護士をし、営業・経理・会計、挨拶文を書くといった雑用もひとりでこなしていました。

しかし、ひとりだと自由度はすごく高くて楽しいのですが、やることが多すぎて、みるみる肉体的にも精神的にも疲れてきました。その結果、一つ一つの行為に時間的にも精神的にも余裕がなくなり、ちょっとしたミスが増えてきました。

そこから、**僕ができないことは人に任せればよい**と思い始めたのです。僕にできないことがあれば、僕の代わりにできる優秀な弁護士を雇えばよい、経理・会計などは専門のスタッフを雇えばよい、自分しかできないことだけをすればよいと思い始めたのです。

そうすることで僕は事務所の経営と弁護士の仕事だけに集中できるようになりました。僕が弁護士の仕事をしながらもテレビに出演したり、本を書いたりできるのは、心から信頼している他の優秀な弁護士や事務員、秘書がしっかり仕事をしてくれるおかげなのです。

このように何かをする場合、人を巻き込んだ方が圧倒的に効率はよくなります。諺にもあるように「三人集まれば文珠の知恵」「三本の矢」なのです、

例えば、何か企画を手掛けるにしてもひとりでは、計画・立案・実行までやれることは知れています。けれど、仮にそれを3人体制で担当すれば、時間も短縮でき、効率的に進むだけでなく、いろんな視点や意見が生まれるので、中身も充実してきます。

もちろん、自分ひとりで手掛ければ「自分ひとりの手柄」と独り占めできます。しかし、1人でやっていては、天才や秀才でもない限り、結果はそれほど大したことはありません。それよりも何人かでやった方がいいものが生まれるのです。

実際に僕は、人を巻き込んだことでスピードは速くなり、結果も速く出るようになりました。**僕ができないこと、苦手なことは他人に任せる。僕はやりたいことだけをする。**そうすることによってストレスも軽減されました。これは人生のあらゆる場面で当てはまることだと思います。

くさったミカン理論

ひとりでやることと他人を巻き込んだ方がよいことの線引きが大事です。何でも人に任せては、自分が成長する機会が失われ、他人からしたらサボっているようにしか見えず、人から批判を浴び、ひとつも良いことはありません。

大事なのは、周りからの評価も合わせて、利益を最大化できるように線引きをすることです。そのためにはしっかりと**「周りの目」**を意識してください。

また、人を巻き込むには、他にも気を付けなければならないことがあります。それは**仕事に支障が出る人を巻き込んではいけない**ということです。そんな人を巻き込んでしまうと、自分におそろしくストレスが溜まるだけです。

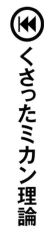

他人を巻き込むというのは、チーム化するということです。巻き込む人は誰でもよいわけではありません。人が足りないという理由だけで人を巻き込むと大変なことになります。まさに「くさったミカン理論」です。たった1人、マイナス要素の人を巻き込むだけで、負の連鎖がはじまり、やがて**チームが崩壊**することもあります。

本当は、かの有名な教師ドラマ『金八先生』のようにどんな人も迎え入れたいのですが、結果を出さなければならないビジネスでは、大きなリスクとなります。

できれば、どのような人を巻き込むかの判断基準を作っておいた方がよいでしょう。例えば「今は結果が優先なので、多少和を乱してもよい人材が欲しい」「長い目で見ているため、優秀な人間よりも和を大事にし、忠実な人が欲しい」などです。

⏩ 他人を巻き込むメリット

辛さが半分になる

利益が数倍になる

自分の専門に専念できる

時間が短縮できる

多様な視点で充実する

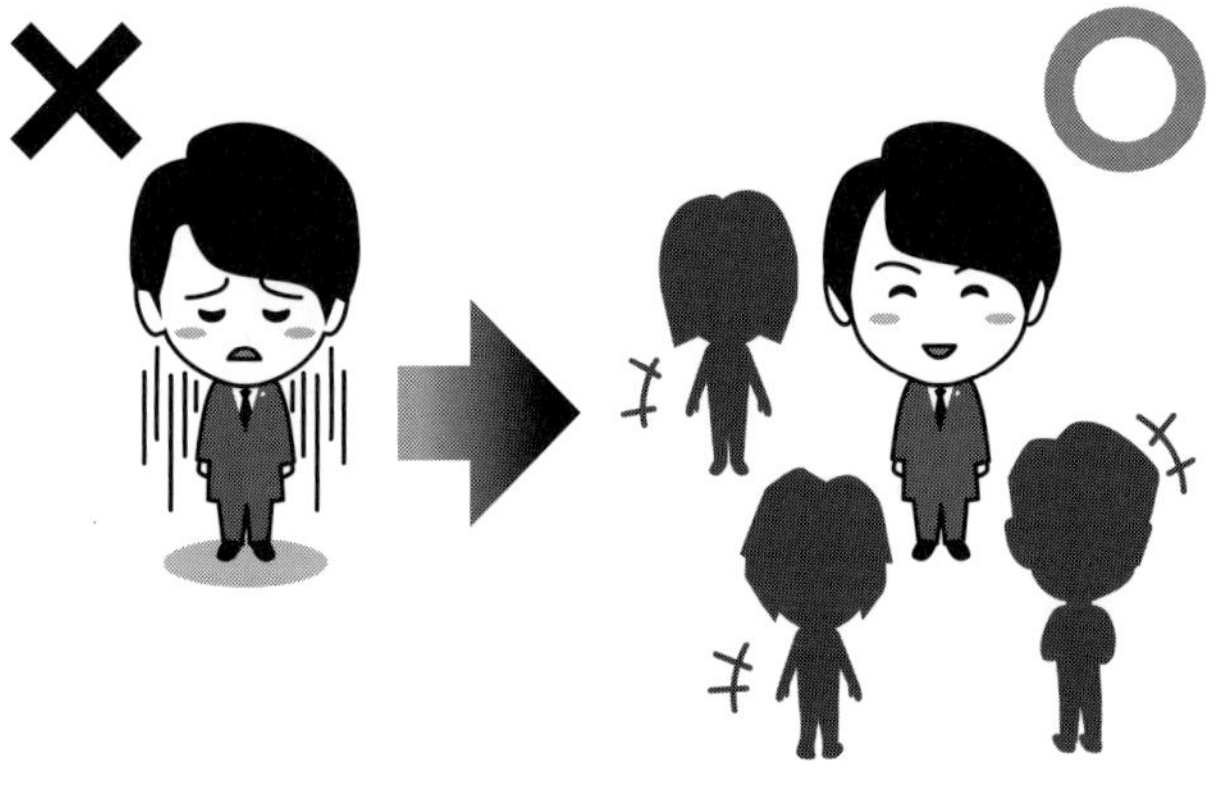

22 人に任せる場合は判断基準を明確にする

人に任せるとさまざまなトラブルも発生します。

その原因の多くは「人に対しての任せ方」に問題がある場合がほとんどです。

トラブルにならないようにするための任せ方があります。任せ方さえ間違わなければ、二度手間三度手間になることが防げ、ラクをすることができます。

目的や結果を明確にする

まずは、人に任せる場合は「目的を明確にすること」が大事となります。なぜ**人を巻き込むのか**、なぜ**この人に任せるのか**、ということです。

それは、とにかく結果を求めるのか、仕事のスピードを上げるためなのか、その人のノウハウが必要だからなのか、その人がチームに入ることで見た目がよくなるからなのか——まず目的をはっきりしてください。そうすれば目的以外のところのミスなどには寛容になれます。

また、任せた人には**結果やゴールを明確に伝えることが**大事です。

その目的は具体的な方がよいです。売上なら200万円、300万円と明確にすることです。一番よくないのは作業の指示だけをして目的を伝えないことです。目的が明確であれば、たとえ指示がないところでも、自分で考えて行動してくれます。目的が明確であれば、その段階である程度成功である、といえるほど大事なことです。

自分で判断できるようにしてあげる

他人に任せるときは、任せられた人間に自分で判断できるような基準と裁量を設けることも大事です。その基準や裁量がない場合、相手はいちいち判断を求めてきます。今は、Ｌｉｎｅやメールといった連絡手段があるため、仕事をしていても質問がたくさん来てしまいます。何でも質問され、その対応に時間を取られてしまいます。そうなると、「だから自分でやった方が早い」となります。

基準は、ある程度具体的に複数、作っておくとよいでしょう。

例えば、計画から1日ずれそうなときは報告する、計画が達成できないと思った時点で報告する、損失が出そうなときは自分で判断をしない、１００万円を超える利益になったら報告するなどです。

そして、その基準内のことには裁量権を持たせることが大切なのです。僕は「この判断基準で、あとはあなたの裁量でやってください」と言い切るようにしています。

⏮ 質問を少なくする仕組みを作る

質問を少なくするための仕組みづくりも大事です。「質問は1日1回にまとめてください」とか「質問は自分で吟味してからしてください」とか、そういうことをひと言だけでも伝えておくだけでかなり違ってきます。

また回答する場合には、ある程度の時間をかけることも大事です。すぐに回答をするとまた質問がきます。正直、今の僕にとって、これが課題になっています（苦笑）。

仕事上のことは即レスを基本としています。けれど、即レスすることによって、自分で自分の首を確実に締めます。周りの「仕事ができる弁護士」たちは、ちゃんと返事するタイミングを考えて自分の負担を減らしています。

⏮ 結果に対する基準を設ける

結果を出した人は褒める、出なかった人は叱るという基準も大事です。まさに「飴と鞭」です。これができていない上司も多いです。

その時の褒め方は、「おお、ありがとう」ではいけません。部下といえどもちゃんと感謝をすべきであり、「おお、ありがとう」だけでは、きっと『何がありがとうやねん、こっちも自分の時間を削ってやっているのに、ふざけてんのか』と心のなかで怒ってしまいます。

たまには部下にランチでも奢ってください。飴のあげすぎはよくありませんが、全くあげないと、次に任せたときに『どうせあまり褒められないし、適当にしよう』と思ってしまうかもしれません。

また全くできていない場合には、ちゃんと叱らないと「舐められる原因」になります。

一度舐められてしまうと、次に叱ろうとしたときに、ちょっと叱っただけでも「え？何で怒られなきゃいけないの？」「お前に怒られたくない」と不満な顔を全開にされます。叱れないという中途半端な優しさが甘さになり、結果、舐められてしまい自分の首を絞める結果になります。これも僕が何度も経験したことです（苦笑）。

⏮ 60%の成功でよいと納得する

なかには任せた人に対して100点を求める人がいます。しかし、人に任せた以上、自分の考える100点になることは無理だと思ってください。

なぜなら、その100点が客観的な100点だったらよいのですが、ほとんどは自分の考えや思いが入った主観的な100点だからです。人に任せても他人である以上、100点の達成が難しいのは当たり前です。

基本的には、自分がやれば100点が出せるけれど、他人がやったら60点で納得してください。他人に100点を求めてしまうと、100点が出ないことに苦痛やストレスを感じるもとになります。60%もできていたら成功と考える方が精神的にはラクになります。そして残りの40%を自分で仕上げるということでもよいと思っています。

⏭ 人に任せる原則

1 目的や結果を明確にする

なるべく具体的なゴールを指し示す

2 自分で判断できるようにしてあげる

判断基準を示したら、後は裁量に任せる

3 質問を少なくする仕組みを作る

返事するタイミングを考えて自分の負担を減らす

4 結果に対する基準を設ける

結果を出した人はほめる
結果を出さなかった人は叱る

5 60%の成功で満足する

最初から完璧を求めてはいけない

23 周りの人を育てる

光源氏計画を実行せよ

生きていると他人と衝突することは多いものです。衝突までいかなくても、生まれ育ってきた環境も培ってきた経験も異なるため、お互いの価値観がぶつかり、ストレスを感じることは多くなります。それが会社など組織のなかでは顕著に現れます。

それが社員のストレスになり、パワハラやセクハラの温床、病気のきっかけにもなります。

そのため「**自分好みに周りの人を育てる**」というのは、ラクをするためにはとても大事なことです。

世界最古の長編小説といわれる『源氏物語』のなかでも、光源氏が「自分好みに育てる」ということをしていましたね（正確には異なりますが）。

「他人を育てる」というと大げさですが、要は、周りの人たちを自分好みにアダプト（適合）させ、自分のストレスを軽減する仕組みづくりをしておくということです。

そうすることで、周りの人たちは自分の意思や考えをわかってくれているので、変なストレスが発生したり、衝突が生まれたりすることを避けることもできます。また、何かお願いするにしても、いちいちすべてを説明しなくてよくなり、とてもラクになります。

究極は「つうかあ」の関係

周りの人を育てるには、少なくとも数か月はかかります。でも、一切手を抜かないことです。手を抜くと数か月後、1年後に互いにストレスが爆発して大きなトラブルとなってしまいます。手を抜かないことによって圧倒的に心地よい環境を手に入れることができます。

究極は熟年の夫婦のように「つうかあ」でわかる関係を目指します。

では、具体的にはどのようにすればよいのでしょうか。

熟年夫婦の「つうかあ」になるまでには、信頼関係を築けるほどの年数が必要です。しかし、それを待っている時間もありません。

昔、すごく優秀な弁護士から「まず、人と接するときは『相手の考え』になって相手を気持ちよくさせることが大事にしている」と聞いたことがあります。そして、「相手の気持ちを使ってうまく支配するように心がけている」とのことでした。「相手は気持ちよくなっているから、支配されているとは思わない」というのです。それを聞いたとき、僕は『なるほど』と感心しながらも、『人を支配するなんて、マインドコントロールのようで、ちょっと怖いな』と正直、思いました。

でも、支配と聞くと反発を覚えますが、相手に不快感を与えず、その相手をうまく活用するのは、結果的にとても効率的なのは確かです。このように「相手を気持ちよくさせる」のは、あらゆる分野のトップ営業マンが共通して心がけていることでもあります。うまくコントロールすることができると自分が望む方向に持っていけるため、とてもラクになります。

人を育てるというのは、**相手を気持ちよくさせながら自分の考えにアダプトさせる**ということです。

もっとも、人を支配するのは抵抗があるし、支配される側は反発するものです。なので、支配されていると思わせないようにコントロールすることが大事です。つまり、刷り込みです。ちょっとずつ自分がコントロールしやすいように育てれば、敵対心も抱かず、うまく活用することができます。

具体的には「自分のやりたいこと」「考え方」「好み」「嫌なこと」「苦手なこと」を少しずつ周りにちょこちょこ伝えておくのです。例えば、「お茶よりコーヒーが好き」と常に言っておくことで、言わなくともコーヒーが出てくる、といった感じです。「自分はこうされたい」「こうされたら嬉しい」「こうされたら嫌だ」「信念はこうだ」などを伝えておくのです。すると、相手は自分のストレスにならないように物事をスムーズに進めてくれます。お互いに意思を共有しておくのです。

基本は「コミュニケーション」

自分の好みなどは伝えづらいと思っても、常に「伝えること」を意識することが大事です。また、時々、育てる人とご飯を食べに行ったり、お酒を飲みに行くようにしてください。そのことで情報共有ができます。

まさに「コミュニケーション」です。

コミュニケーションすることで、自分のことを相手に伝えるだけでなく、相手の嫌がることもわかります。互いに理解しあっていないと不平不満が溜まります。「なぜ、あの人はこんなことを言うのだろう」「なぜ、こういうふうに動くのだろう」そう思うことで違和感が重なり、やがてイラつき、敵対心に発展します。そして「あんな奴、いらない」と爆発します。

そうならないように人を育てるためには、適度にコミュニケーションを取っておくことが重要です。

⏮人間に超能力はない

周りを育てるというのは、コミュニケーションもしっかり取る、ということです。普通の人間にはテレパシーのような超能力はありません。**「察してくれ」というのは無理**があります。ちゃんと言わないと人はわかってくれません。世の中には急に怒りだす人たちがいます。その人たちの逆鱗に触れたから怒ったのでしょう。でも、僕から言わせるとそれは「理不尽」でしかありません。お互いに人間同士なのですから、急に怒られても何が原因かもわからず「きょとん」としてしまいます。

理不尽に怒りだす前に、嫌なことは嫌と伝え、そして理由も伝えるべきです。僕たちは人間です。それを改めて自覚すべきです。

⏭ 人を育てるには「刷り込み」から

育てたい人と
コミュニケーションをとる

自分がして欲しいことを伝えておく

24 人生に差をつける「ラク結果読書術」

人生はギャンブルではない

人生をラクするためには何をするのが1番よいか？　と問われたら、僕は迷わず「**本を読むことだ**」と答えます。本には成功している人や先人たちの知識、ノウハウ、経験が詰まっており、最初から自分で考えるより効率がよく、仕事や人生で大きな結果を出すことが出来ます。

最初から自分で考え、失敗を経験しながらノウハウを得る方法は、効率が悪すぎます。

人生はギャンブルではありません。

物事が上手く行くか、行かないかを賭けと同じように考えてはいけません。自分で考えている間に他人に大きな差をつけられ、チャンスを逃してしまいます。チャレンジして失敗を重ねることは、自分や会社にとって不利益になるだけです。

だからこそ、さまざまな本を読んで知識、ノウハウを吸収し、それを自分なりにアレンジしてうまく活用することが時間短縮となり、ラクしながら結果も出せるようになります。でも、多くの人は、「本を読む時間がない」「本の読み方がわからない」と言います。

効率よく知識を吸収し、時間を効率化するためには、**読書の方法を効率化**することがとても大事です。ここでは効率的に本を読む3つの方法を紹介します。この3つの読書法をまずは覚えてください。そうすれば本を読むスピードは圧倒的に上がりますし、爆発的に成長できるようになります。

1　義経の八艘《はっそう》飛び読書術

「1冊を1回読むだけでもタイヘン」という人もいると思います。しかし、1文字ずつ読む必要はありません。

むしろ、一言一句読まないでください。

僕はこの『『超楽』仕事術』を1文字、1文字、丁寧に読んで欲しいとは思っていません。必要な箇所だけ選んで読んで、使えるところだけ真似して実践してもらえればよい、と思っています。

どのようなノウハウ本も、小説などとは違って、一切丁寧に読む必要はありません。そういう意識は捨ててください。

まさに、源平壇之浦の戦いで有名な義経の「八艘飛び」と同じ読み方です。義経は、海の上の戦いで、海上の船を飛び跳ねるようにして移動して相手の攻撃をかわしたと言います。同じように、ポイントとなるところだけを本の中を飛び跳ねるように的確に短い時間で読んでいくのです。そのために大切なことが2つあります。

メガネのおじさんを探せ

読者の多くの方は、『ウォーリーを探せ』という絵本を知っていると思います。そうです。あれです。赤と白の縞模様の服でメガネをかけたおじさんであるウォーリーを、たくさんの人がいる1枚の絵から探す絵本です。子どものころにやったという読者も多いと思います。本書と関係ないので省略しますが、時間がある方は、ウィキペディアで「ウォーリーを探せ！」を読んでみてください。意外なことが書いてあります（笑）。

さて、経験者はわかるかと思いますが、ウォーリーを探すという視点がなければ、たくさんいる人がいる中からたった1人のメガネのおじさんであるウォーリーを見つけ出すことはできません。

実は読書も同じなのです。

読む前の準備行為が大事です。読む前に「この本から何を得たいのか」「何を知りたいのか」と**本を読む目的を明確にする**ことです。

それからパラパラとめくりながら、該当箇所だけを読みます。そこで気になったところがあれば、そこも読みます。これだけで圧倒的に時間を削減でき、効率的に読むことができます。

何を学びたいのか、何を真似したいのかをしっかり意識しながら読むことで無駄なところは読まずに、必要なポイントだけを読むことができるのです。

目次を徹底的に読む

本を読む目的を探したい場合には「本の目次」を見てください。

意外と目次を読まない人が多いですが、目次を読めばその本に何が書いてあるのかがわかります。そして、そのなかから**「気になる部分」「面白そうな部分」「真似てみたい部分」**だけを読めばよいのです。

もし目次だけではいまいちわからない場合、パラパラと本を読むと、本書と同じようにタイトルがあるところ、太文字になっているところ、図があるところがあります。そういったところだけを読めば何が書いてあるか、ある程度はわかります。このように一言一句読まなくても、短時間で多くのことを本から吸収することができます。

もちろん一言一句を読むことは否定しません。ただ、読者の方はわかると思いますが、社会人はいろいろと忙しいのです。忙しいなかでも結果を出さなければなりません。そのためには子どものころの国語のように、一言一句読む必要はないということを覚えておいてください。

2 コピー忍者「カカシ」読書術

爆発的に成長したい社会人にお勧めの読書方法です。

まず、自分が「真似をしたい人物」を決めてください。真似したいターゲットを決めたらその人の著書や関連本も買います。そして、その人を物真似する意識で一気に読みます。

「物真似」するという意識を持つことが大切です。

具体的には、**その人の特徴を捉えること**が大事です。成功している人には「核」、つまり信念があります。その信念が何なのか、成功しているために何を大事にしているのか、具体的なノウハウは何なのか、それを考えながら読みます。そうすれば、その本から成功している人の経験やノウハウを吸収し、真似をすることで今までの自分の価値観も変わり、思考法も行動も変わり、爆発的に成長することができます。

実際に僕もFacebookのザッカーバーグさんに関する本を読み、自分の価値観を捨て、新しい価値観を得て、爆発的に成長することができました。

この読書術はマンガ『NARUTO』に登場する忍者、カカシの得意技である「コピー忍術」と一緒です（知らない方はぜひご覧になってみてください）。

そうして成長ができたなら、また別の、成功していて本を出している人を「真似したい人物」にして、その人の本を買うとよいでしょう。面白いほどにどんどんと成長していくことができます。

「物真似」では成長しないという人もいます。でも、僕はそうではないとはっきりと断言できます。逆に「基礎もできていない段階なのに自分の頭で考えてアレンジなどするな！」と言いたいほどです。最初から独自流でやって変な癖がついてしまい、その後に直すのが大変になる場合もあります。「物真似」を批判する人はだいたい何もできていないのです。もちろんコツコツすることも大事です。でも、その結果、花を咲かせたとしても時間がかかり過ぎるのです。20代、30代で爆発的に成長したいのなら、物真似をしてそれをアレンジした方が圧倒的に早いのです。

3 大食い読書術

これは専門分野の知識をつけたい場合の読書方法です。

学びたい専門分野が決まっていたら、その分野の本を一気に読むのが効率的です。1冊を丁寧に3回、4回と読み込むより、3～4冊を一気に**大食いをするように雑に読む**方が早く吸収できます。

1冊ではなく数冊読むのは同じ内容でもいろんな角度、いろんな表現で学べるからです。根本的なことが理解できるようになるため自分なりの応用も利きます。

また、いろんな角度、いろんな表現を読むことで脳に新鮮な刺激が起こります。大事なのは「**脳への刺激**」です。1冊の本を繰り返し読んでいると脳への刺激は鈍化します。多読することでいろいろな新鮮な刺激を得ることができ、記憶に残りやすくなります。

これは、食事を食べるときにいろいろな味があると、ついつい食べ過ぎるのと一緒です。同じ内容でも違う表現や、違う角度だったりすると、知識を吸収しやすくもなるのです。

⏭ ラク結果読書術

1 必要な箇所だけ読む 義経の八艘飛び読書術

- 読む前に目的を明確にする
- 該当箇所だけを読む

2 真似したい人物の著書を読む コピー忍者「カカシ」読書術

- 物真似する意識で読む
- 信念やノウハウをつかむ

3 その分野の本をたくさん読む 大食い読書術

- ３～４冊を一気に雑に読む
- いろんな角度、いろんな表現にふれる

25 お願いは交渉である

ラクをするために、他人に頼る、そのためにお願いをする、ということはとても大事なことです。しかしながら、ダイレクトにお願いしてもダメといわれることはあります。お願いして断られないようにするためにはテクニックが必要です。それが「交渉術」です。そして、交渉術で大事なのは**心理学を使ったテクニック**です。

ここでは、心理学を活用した基本的な7つのテクニックをお伝えしたいと思います。これらは数あるテクニックのうちでも基本的なものばかりですが、それでも知っているのと知らないのでは大きな違いがあります。

お願いを断られない7つのテクニック

1 徐々にハードルを下げていく

交渉でよく使う基本的な手のひとつです。ハードルを少しずつ下げていく交渉術です。

例えば人に仕事を手伝ってほしい場合、最初は複数の仕事のお願いをし、そこから徐々にお願いする仕事数を減らして、最終的には目的である仕事だけを手伝ってもらいます。

このように最初のハードルをわざと高くしておき、こちらが徐々に譲歩しているという感じを出し、譲歩しているように見せて最終的には自分の欲しいものを得る、というテクニックです。

2　欲張りな交渉は下手な交渉

ただし、最初に提示するお願いがあまりにも理不尽なものはダメです。逆に何も得られないということがあります。まさに過ぎたるは猶及ばざるが如し。欲張りな交渉は下手な交渉であることを忘れないでください。

最初のお願いは要求のせいぜい2倍、多くても3倍から始めるとよいでしょう。

3　選択肢を示す

よく料理のコースである「松竹梅」のように、選択肢を作り、その中から選ばせる方法です。松竹梅を出されると真ん中の竹を選ぶ人が多いものです。一番低いのは嫌だけど、一番高いのも嫌という単純な心理です。なので、本当に選ばせたいものは竹にしておくのが効果的です。

4 「しない」という選択肢を消す

これは和解交渉のときによく使う手ですが「和解には、これとこれとこれがありますが、どれがよいでしょうか」と聞きます。「和解する」ことを大前提にするために「和解しない」という選択肢を最初から外しておくのです。和解するかしないかという選択肢ではなく、和解するならどれがよいか、という選択肢に転換する。これによって和解の可能性は高まります。

5 相手に合わせる

これも有名なものですが「ハロー効果」といわれている方法です。相手の話を聞くときは相手に気持ちよく話してもらうためにうなずいたり、同調したりします。相手の言葉を繰り返して「話を理解していますよ」ということをアピールするテクニックです。このように相手の行動を鏡のように写すことで、相手との親近感を作り、心を開き、信頼を得る効果があります。

6 時間をかけない

交渉は短期勝負にすることが大切です。相手が情報を集めたり、よく考えたりする前に判断させ、決着をつけさせるのです。そのためには多少の譲歩も大事になってきます。
逆に嫌なお願いをされているときはすぐに返事をせず、とにかく時間をかけます。つまり、時間をかけて相手の心を折り、諦めさせることです。

7　場の雰囲気とタイミングをうまく使う

人はその場の空気に合わせようとするので、その場の空気感を上手く使うことも大事なテクニックのひとつです。和やかな空気のなかでは人は拒否しにくいですし、相手の機嫌のよいときは、お願いをすんなりと引き受けることが多くなります。また、僕のような童顔より、強面の人の方が交渉が速く進むこともあります。相手が場の雰囲気にのまれてしまうからです。顔はひとつの例に過ぎませんが、普段からこのような「お願いをしやすい仕掛け作り」をすることが大事です。

以上が7つのテクニックとなります。それぞれのテクニックを合わせて使うこともできます。それが応用となります。最初は上手く使えないと思いますが、使っていくうちに「経験」が積み重なり、巧妙な駆け引きをすることができるようになります。

⏮ ときに直球勝負より根回しが大事

どんな交渉にも**「表の交渉」**と**「裏の交渉」**があります。表の直球勝負のテクニックを使った交渉だけではなく、裏の水面下の交渉、つまり根回しが成功のカギになることもあります。例えば会社のなかのキーマンに根回ししておくことによって案件をスムーズに、無駄な時間と手間をかけずに進めることができます。

根回しというと難しく考える人もいますが、「今度の会議ではこういう提案をしたい」という程度の根回しでよいのです。いきなり「会議で僕の案に賛成してくれ」などという政治的な根回しはしない方が賢明でしょう。

また、**根回しはキーマンだけ**にしましょう。発言権や裁量権のない人間に根回ししたところで意味はないからです。むしろ根回しをし過ぎると、根回しをしていることの噂が広がり、「小賢しい」というマイナス評価になることもあります。

どの人に根回しするのか、人の選択は重要となります。なかには根回しされることが嫌な人もいます。直球で来る方が好まれる場合もあります。そういう人に根回しするのは地雷を踏むようなものです。そこは気を付けなければいけません。

⏭「YES」を引き出す交渉術

① 徐々にハードルを下げていく

200万円 ⇨ 100万円

② 欲張らない

要求の２～３倍から始める

③ 選択肢を示す

松竹梅方式

④「しない」という選択肢を消す

お願いを受けることを大前提にしてしまう

⑤ 相手に合わせる

ハロー効果を使う(「理解していますよ」)

⑥ 時間をかけない

相手が情報を集める前に

⑦ 場の雰囲気をうまく使う

アウェイよりはホームで

26
相手の気持ちを読み・合わせる

最強の思考方法「相手方思考」

人はひとりでは生きていけません。そして、人と交わることで衝突も必然的に生まれます。これはしかたがないことです。しかし、衝突というのは無駄なエネルギーを使います。無駄な感情やエネルギーを使うと自分自身もすごく精神的に疲労してしまいます。その結果、本来ラクな人生のはずが、大変苦労する人生になってしまいます。

そうならないためには、無用な衝突を避けて好循環を生み出す**相手方思考になる**ことです。相手方思考とは「自分だったらどうする」ではなく「**相手だったらどうする**」と考えることです。相手方思考になれば、交渉や依頼ごともやりやすくなります。

これはセブンイレブンの元会長・鈴木敏文さんの「お客様思考」からヒントを得ました。セブンイレブンがここまで大きくなったのは、とことん「お客様思考」になったからだと言われています。この考え方が日常生活でも使えます。

僕は自分の法律事務所の弁護士、スタッフには相手方思考になるように伝えています。相談者の思考、クライアントの思考、交渉相手の思考、裁判官の思考になるのです。そうすれば信頼関係も築けるし、勝機も見えてきます。僕自身も、これまでの交渉や裁判のほか、会社経営、さらには普段の生活でも、とことん相手方思考になるように気をつけています。

日常の生活でも相手方の思考になれば、無用な衝突を避けることができます。

その日常の生活での衝突の多くは「**自分の考えが正しい**」**という思い込み**から起きます。そのため相手方思考になることによって、相手方の気持ちや考えがわかるようになり、無用なイライラを減らし、衝突を避けることができます。むしろ、相手の気持ちや考えがわかる分、上手く誘導し、円満にすることもできます。

よい流れになる確率を高める

では、相手方思考になるためには、具体的にどうすればよいのでしょうか？

まず、**相手の情報を知ること**が大切です。相手の情報をしっかりと手に入れる。好みとか出身地、普段の言動パターンや癖などを観察し、出来るだけ情報を得るようにします。その人の行動や発言を見たり、聞いたりするだけも多くの情報を得ることができます。

しっかりと相手方を観察し、情報を得たうえで、相手方の思考になりましょう。これはそんなに難しいことではありません。少し意識するだけでよいのです。そのことで自分が勝つ可能性や、自分にとってプラスになる可能性が1％でも、2％でも上がればよいのです。

どんなに頑張っても衝突が生まれることはあります。それでも衝突が生まれる確率を減らし、よい流れになる確率を高めることはできます。そのためには、よい確率を少しでも上げるような仕組みづくりをする、という意識をすることが大切です。そして、交渉術などを駆使して行けば、結果的に全体がプラスになります。

僕の法律事務所の客員顧問として女流棋士の谷川治恵さんがいらっしゃるのですが、将棋の対局でも、相手がどのように指してくるのかを考えないといけない、といいます。それと同じことです。

⏭ 最強の思考方法「相手方思考」

「自分は正しい」という
思い込みから離れる

27 ラクをするためだけにお金を使う

お金の力を舐めるな

結果を出せない人ほど、お金の使い方が下手なように思います。

僕は今まで弁護士として多くの債務整理事件、とくに破産事件の相談を受けてきました。ある程度の給与を得ていても、社会的によい地位にいても、お金の使い方が悪くて破産してしまう人が多いのです。

例えば、ある程度のお金を得ていても、一時的な楽しみのためにだけお金を使っている人、身の丈に合わないお金でお金儲けをしようとする人にはその傾向が強いものです。

また、いつも同僚とだけ飲みに行く人がいます。でも、毎回毎回、同じ同僚たちと慰めあっても、それはプラスにならないお金の使い方です。

もちろん社内コミュニケーションは必要です。しかし、せっかく飲みに行ってお金を使うのであれば、いつもとは違う同僚と飲みに行ったり、外の人間と飲んだりして、縁を築いたり、新しい情報を得るべきです。愚痴や傷の舐めあいのためにお金を使っても何も生み出しません。はっきり言いますが、そういった人は**お金を舐めています。**僕は、基本的には飲み会が苦手です。お金を使ってせっかく行く場合は、自分の成長を促がしてくれる人との食事会や交流会に参加するようにしています。

お金を使う優先順位を決める

お金を使う場合、**それは投資と考え、**その**リターンを考える**ことが大事です。

お金を投資するからには、どのようなメリットがあるのかを考える癖をつけてください。これだけでも大きく変わります。

そして、メリットのなかには「新しい情報を得られる」「新しい縁を築ける」「信頼関係を築ける」「時間を節約できる」「ゆっくりする時間を確保できる」のほか、「癒しを得られる」というのもあります。

ここで大事なのはバランスです。得られるメリットを考え、お金を使ってください。

人生があまり上手くいっていなくて、どうすればよいのかわからないという人は、一度、お金の使い方を見直すのがよいと思います。一気に変えなくとも、ステップ・バイ・ステップでよいのです。少しずつお金の使い方の意識を変えていくことです。

例えば、僕の場合、お金を使う優先順位を決めています。

僕の優先順位のもっとも上位は、仕事の能率と効率を上げることです。仕事のスピードが上がれば、もっと多くの仕事ができるからです。そして、多くの仕事ができればさらに利益を上げられ、もっと事務所を大きくすることもできます。自分の信念のひとつである法教育をする時間も得られます。もちろん、それが自分にとってのラクになるからです。

現在、僕の家のリビングには、テレビが2台、パソコンが4台、ノートパソコンが1台あります。これはテレビで最新ニュースを確認し、自分が監修したドラマを確認しながら、弁護士の仕事、経営者の仕事、メディアの仕事、複数の本の執筆の仕事を同時並行させるためです。怒涛のように仕事をこなすためには、テレビやパソコンはひとつでは足りません。このように仕事に役立つ機器にはお金を投資しています。

また、マンガ本にもお金をかけています。それはマンガからいろいろな知識を得ることができるということや、小説も書いているため、その資料にもなりすし、「癒し」のためでもあります。マンガを読むという癒しがあればこそ、仕事に力を入れられます。

ところで僕はお金を使う時に、無駄なお金の使い方だなと思うと、本当にお金を使いたくならなくなります（苦笑）。例えば、私服は大学院生のときに買ったのを今でも着ていて、弁護士になってからはほとんど買っていません。買うメリットが見いだせないからです。

お金を使うというより、**投資をするという視点**がすごく大事です。

行き着く先は「自己破産」

とはいえ、同僚と飲みに行くのをやめて、いきなり10万円を何かに投資をしようと思ったとしても、それは金銭的な負担になるだけです。また、新幹線のグリーン車に乗ることで快適な時間が得られるといいますが、お金のある人はそれでよいですが、お金のない人には無駄遣いの投資です。

投資というのは、自分が稼ぐお金に合わせるということが大事です。自分に合わないお金の使い方の行き着く先は「自己破産」です。

ここで気を付けて欲しいのは、前述したとおり**お金を使うことに対するリターン**を考えなさいということです。

自分への投資だと言って「高額なセミナー」に参加しようとする人がいます。高額でもその投資額に見合うだけのリターンがあると判断すればよいですが、参加するだけが目的、自己満足しか得られないなら参加しない方がよいです。身の丈に合わず、また藁《わら》にも縋《すが》るような気持ちで高額なセミナーに参加することは**マイナスの投資**だと断言できます。

月に100万円、150万円という報酬を得ている人が15万円のセミナーに参加するのはよいですが、15万円、20万円の給料の人が20万円のセミナーに参加するのは身の丈に合いません。そもそも高額セミナーで金額以上のリターンがある方が少ないと思った方がよいでしょう。

何に投資すべきかを考えるときは、それが自分の時間を作ってくれるのか、お金を生み出してくれるのか、人脈を築いてくれるのか、ということを考慮しましょう。

⏭ お金の正しい使い方

お金を使う＝自分に投資する

GET

- 新しい情報を得られる
- 新しい縁を築ける
- 信頼関係を築ける
- 時間を節約できる
- 時間を確保できる
- 癒しを得られる

投資として効果が得られるか？

第3章

人生をもっと豊かに楽しむ「楽園術」

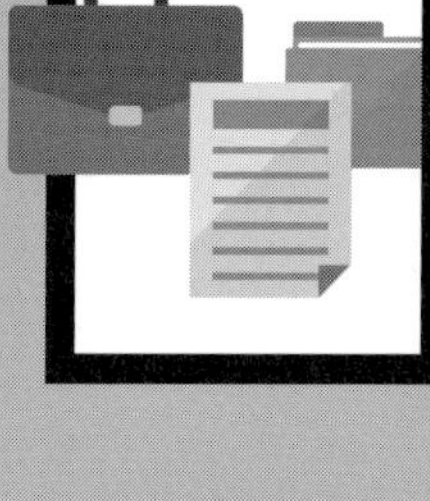

28 人生を楽園にするための4つの要素

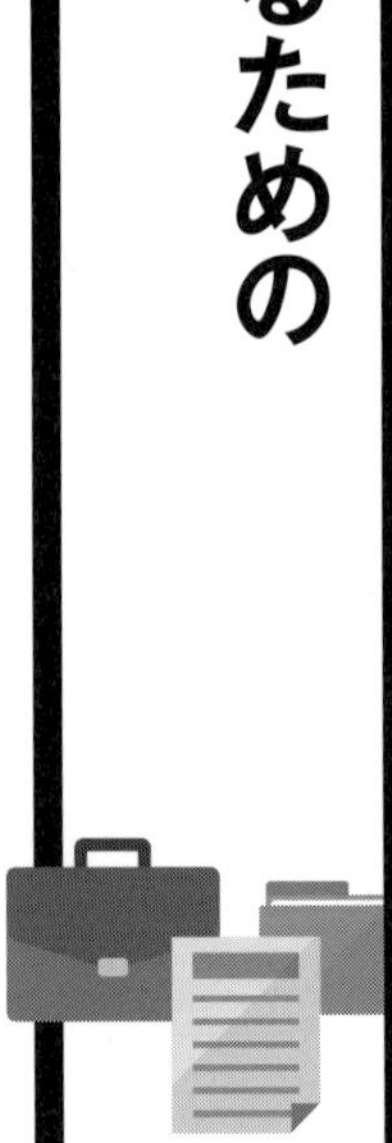

人生は生き方次第で、いくらでも**楽園**となります。

なのに、悲しいことに弁護士として相談に乗っていると、この世は「地獄だ」「生きているのがつらい」という人に多く出会います。

僕は「夢や生きる目的を持つことを大事にする」「自分の欲望をとことん追い求め、アドベンチャー心を忘れない」「謙虚と謝罪が真髄」「人に振り回されない無視力と適当力」の４つの要素があれば、人生はとても楽しくなると思っています。

人生を楽しくする4つの要素

1　あなたの夢や生きる目的は？

多分、いま、「あなたの夢や生きる目的」は？　と尋ねられても、すんなりと答えられない人もいるかと思います。むしろ、そのような人の方が多いかもしれません。

では、夢や生きる目的って何でしょうか。

僕は自分の欲望、やりたいことをとことん突き詰めて考え、初めて出てくるものが「夢と生きる目的」だと思っています。自分は何をしたいのか、何を求めているのか、とことん自分の本能と向き合えば、自ずと答えが生まれてきます。こういうことを言うと「僕はしたいこともない。何もしたくない」という人もいます。それでもよいです。将来、何もしない「のんびりした人生を過ごす」のを夢にしてもよいでしょう。僕のようなワクワクする人生を過ごす、でもよいです。**一番良くないのが「流される人生」です。**

もちろんそれを「望む」ならよいのですが、考えることから逃げ、流される人生は、何も面白くも楽しくもなく、大変な目に遭ってしまいます。気づけば人生が落とし穴だらけになってしまいます。この本を読んでいる方が60歳であっても、夢や生きる目的を作ることに遅いということはありません。

また、夢や生きる目的はひとつだけでなくてもよいです。むしろたくさんあってもよいと思います。

僕の場合、「５００年後も残る法律時事務所を作る」「次世代の礎になるような活動をする」など、複数の夢や生きる目的があります。

夢や生きる目的があるから、自然と一生懸命になれます

一生懸命の人生は楽しいです。面白いです。それが生きる力となり、希望となると思っています。これを読んで、綺麗ごとや戯言と言う人もいるかと思いますが、僕はこれが真実だと思っています。

中学校、高校、大学時代に一生懸命になっていたこと、楽しかったこと、ワクワクしていたこともあったと思います。そのような感覚が大人になっても大事です。何歳になっても輝いている人は、そんな人でしょう。

⏮ドリーム・クラッシャーに注意

ここで注意して欲しいのが、ドリーム・クラッシャーがいる、ということです。

夢や生きる目的を言うと、本当に何も考えず、深く考えずに、人の人生に介入してきて、あまりにも無責任に「いや、絶対にできないから」という人がいます。これがドリーム・クラッシャーです。

家族や親友という、身近であればあるほど、仲がよければよい人ほど言ってくる可能性があるからたちが悪い。そういうドリーム・クラッシャーに影響されてはいけません。夢や希望を台無しにする人たちは害悪だと僕は思っています。自分の人生を否定する権利は誰にもありません。

にも関わらず、他人の人生に否定するようなことを軽くいうのがドリーム・クラッシャーです。心配しているように見せながら実のところは何も考えていないのです。真剣に考えていないからこそ、他人の人生を否定できるのです。

だから、本当に心配しているかを見極めつつ、「関係ないよ、なぜ、あなたに言われなきゃならないの」とすぐに否定する強さを持ってください。

2 自分の欲望をとことん追い求める!

僕は、人間の欲求には**「形式的な欲求」**と**「本能的な欲求」**があると考えています。「形式的な欲求」とは誰かを救いたいとか、手助けしたい、周りを幸せにしたい、という欲求です。「本能的な欲求」というのは、食べたい、寝たい、素敵な人と付き合いたい、お金持ちになりたい、という欲求です。人間はこの本能の欲求が枯渇してしまったり、目を背けたりしたり、また逆に満たされてしまうと、生きている「楽しさ」が失われていきます。

だからこそ、**「本能的な欲求から逃げるな」**と僕は強く言いたいです。

もちろん理性は大事です。人に迷惑をかけることも、法律に違反することも絶対にダメです。

しかし、本能的な欲求に全て目をつぶり、理性的に生きることは果たして楽しいでしょうか。僕は楽しくないと思います。

これが「自分に正直に生きる」ことでもあると思います。自分の本能的な欲求に向き合い、それを原動力にすることは抑えていた自分の力を解放してくれます。きれいごとは言わず、自分の本能と向き合いましょう。

僕も自分の本能に忠実に生きるようにしています。美味しいものを食べたい、たくさん寝たい、素敵な人と付き合いたい、もっと遊びたい、全てよいと思います。

気を付けて欲しいのは、常に欲求を解放しろ、ということではなく、欲求を原動力にしろ、ということです。美味しいものを食べたいから仕事を頑張る、よい女性（男性）と付き合いたいから仕事を頑張る、それが大事だと思っています。

アドベンチャー心

本能的に生きるうえで、**大切なことはそこに「楽しさ」はあるのか**、ということです。楽しさのない人生はつまらない、それが当たり前です。

人生を彩り、明るく、そして楽園するうえで大事な要素のひとつが「楽しさ」です。

過ぎたるは猶及ばざるが如し

一生懸命になり過ぎと、今度はそれが枷になることもあります。つまり、気づいたたら「○○をしなければならならい」となっているのです。最初は自分の本能に忠実に始め、楽しくやっていたのに、気づいたら義務感でやっていることも珍しくありません。まさに「過ぎたるは猶及ばざるが如し」。僕は何度もこういったことを経験してきました。

最初は楽しかったのに気づいたら、もうやりたくない……。

こういったときに僕が大切にしていることは「**冒険心**」と「**チャレンジ精神**」です。

非常にわかりづらい例えをするのであれば、僕の子どもの頃に映画の『ドラえもん のび太と竜の騎士』や『ドラえもん のび太のパラレル西遊記』や『デジモンアドベンチャー』を見たときと同じ感覚なのです。これらはのび太たちが、地底世界を冒険したり、西遊記のパラレルワールドを冒険したり、デジタルワールドという世界で子どもたちがデジモンたちと冒険する話なのですが、子どものころ見ていたとき、すごくドキドキワクワクしました。

きっとそのドキドキワクワクの正体は「**これから何が起きるかわからない**」という心理があったからだと思います。

僕は仕事が義務感になってきたら、ワクワクドキドキするような冒険心をとにかく大切にしています。そうすれば楽しさを忘れずに、さらに頑張れるからです。

ただ、ひとつだけ言っておくと、やっぱり人に迷惑をかけたり、法律に違反したりするようなことはダメです。

3 謙虚と謝罪が真髄

人生を楽しくするには、やはり、周りから「愛された方」がすごく楽しくなります。ちやほやされた方が良いに決まっているのです。

また、ちやほやされなくても、人から攻撃されない人生に越したことはありません。

では、ちやほやされたり、嫌われたりしないために大事なことは何でしょうか？

「謙虚と謝罪」です。これが真髄です。

自分の悪いプライドは捨てて「謙虚」になり、間違ったら人のせいにはせず、素直に「謝罪」して自分を見直す。これだけで大きく変わります。

これらの気持ちと態度がないと他人から嫌われてしまったり、無駄な衝突を生み出したりします。他人に嫌われると運もそっぽを向き、良い縁やチャンスもこなくなります。

もちろん、自分の主張を貫くこと、自分の意見を持つことは大事です。それがなければ「芯がない人間」になってしまいます。

でも、人の意見には謙虚に耳を傾け、自分が間違っていたら謝罪をすることも大事です。プライドが高い人ほど、謙虚にはなれず、謝罪もしません。それが無用な感情の摩擦を生み出し、必ず自分に戻ってきます。楽しい人生にするためには「謙虚」と「謝罪」も大事であることを忘れないでください。

4　人に振り回されない無視力

世の中は、残念ながら良い人ばかりではありません。陰口や悪口を言ったり、トラブルを起こしたり、足を引っ張ったり、騙そうとする人もいます。

まさに、雑音が多い世の中です。

社会で生きていれば、社会人としての年数があがればあがるほど、人との付き合いが増えてきます。そうすると知り合いも増え、社会でのしがらみも多くなり、人に合わせたり人に振り回されたりすることも増えてきます。そんなときは八方美人になった方が、人との衝突を避けることができます。

でも、八方美人は自分を苦しめます。

八方美人は全て周りに合わせてしまうカメレオンみたいな人生なため、周りに振り回されたり、嫌なことを押し付けられたりする人生になります。そんな人生は楽しくありません。

そこで、世の中の雑音を聞かないようにし、周りに振り回されないために大事なのは、「**無視力**」です。先ほど言ったように世の中には面倒な人、変な人、迷惑な人、理不尽な人、悪口を言うのが好きな人、自分が絶対に間違っていないと思っている人などがいます。そういう人は無視することが大事です。極端な話、自分の人生から切り捨てて、無視するのです。

僕自身も「この人は無理だな」と思ったら、容赦なく関係を切っています。その判断基準として、僕は三度「失礼なこと」「嫌だな」と思ったことがあれば、切ると決めています。そんな決断も大事だと思っています。

もちろん、切ったとしても良い縁があればまた付き合うこともあります。自分を追い詰めないためにそういうことを僕は大事にしています。

読者の方にはいろいろな事情があって、そういう人を「無視」することができないという人もいるかと思います。そういう場合には人を頼って相談することも大事です。いろいろな人に相談すれば何か良い案がでてくるかもしれません。

「まっいいか」の精神と最後は「逃げ恥」

人生はときに何ともならないこともあります。また、どうしたらよいのかわからないときもあります。僕はそんなときは「まっいいか」「これが運命だ」と、投げやりに考えます。
でも、意外にこれが大事。本当に極まれですが、考えてもしかたがないことはあります。そのときには考えることを放棄し、「何とかなるさ」「まっ、いいか」と思うことも自分を追い詰め過ぎないためには大事です。

過度な責任感は自分を潰す場合もある、ということを忘れないでください。

新垣結衣さん、星野源さんの主演でヒットした『逃げるは恥だが役に立つ』というドラマがありました。このタイトルはハンガリーのことわざを和訳したもののようで、**「恥ずかしい逃げ方であっても、生き抜くことが大切」**という意味のようです。

この考え方は大事です。本当に追い詰められ、何も考えられなくなり、身も心も本当にボロボロになったら、僕はたとえ無責任と言われても、恥ずかしい人間と言われても、逃げて、生き抜くことが大事だと思っています。

人生はたった一度。**生き抜くことが大事。**

以上のことを忘れなければ人生はグッと楽しくなります。

⏭ 人生を楽しくする４つの要素

夢や希望を持つ

自然と一生懸命になる
ドリームクラッシャーを否定する

自分の欲望を追い求める

自分の本能に忠実に
欲求を原動力にする
アドベンチャー心

無視力をつける

八方美人は疲れるだけ
嫌われる勇気を持つ
最後は「逃げ恥」

謙虚さと謝罪

周りから愛される
無用なプライドは捨てる

29 睡眠は絶対に削らない

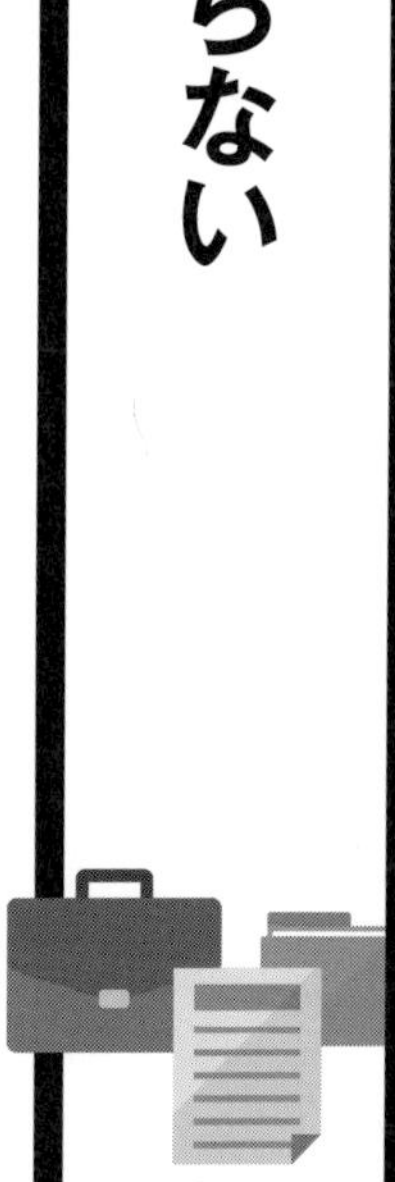

睡眠不足は地獄への始まり

僕が日常生活で大切にしていることは「睡眠時間」です。よほどのことがない限り、睡眠時間を削ってまで仕事をするのは愚の骨頂だと思っています。

もっといえば、睡眠を削ることは「命とお金を削る行為」だと思っています。

子どもの頃は親から「四当五落」と言われました。4時間睡眠で勉強する人は合格するけれど、5時間寝てしまったら落ちるという意味です。

でも、睡眠不足は、**二日酔いのような状態**だと言われています。

二日酔いのままで仕事ができますか？　パフォーマンスは確実に落ちます。

睡眠時間を削るということは、その日1日を無駄にするのと同じことだと僕は思っています。また、睡眠不足によりイライラしたり、ムカムカしたりして、冷静な判断ができず、大きなストレスを引き起こしたり、トラブルを起こしたりします。もう辛いだけです。

睡眠不足が続くと精神が蝕まれ、ずっとイライラするようになり、物事がうまくいかなくなることも増え、負の連鎖が始まります。つまり、**睡眠不足は地獄への始まりなのです。**

もちろん1日3時間睡眠でもパフォーマンスが落ちないスーパーマンみたいな人もいます。僕の親友の公認会計士の友達もそんな一人です。

でも、普通の人ならパフォーマンスは確実に落ちますし、精神的にも悪影響があります。睡眠時間を確保できないということは、次の日の10数時間を無駄にするという恐ろしい結果となるうえに、精神的に悪影響によりトラブルも引き起こしやすくなるという「**百害あって一利なし**」なのです。

しっかりと寝るだけで精神も落ち着き、仕事のパフォーマンスも発揮され、仕事も人生も楽しくなります。

ただし、例外的に次の日の10数時間を無駄にしても価値がある場合には、睡眠時間を削ってもよいと思います。そういう場合、睡眠不足の日は、注意散漫になることを前提に慎重に行動しましょう。それだけでかなり変わってきます。

現在「睡眠」をテーマとした本はたくさん刊行されていて、睡眠が見直されています。それほど睡眠は重要だということであり、多くの方々が関心を持っています。僕が伝えることはシンプルです。次の5つを実行されるだけでも人生が楽しくなってきます。

よい睡眠を手に入れる5つの方法

1　自分にとってのベストな睡眠時間をしっかりと把握する

実は必要な睡眠時間はひとりひとり違うものなのです。身体も違うし、生活のリズムも違うのだから、誰にでもあった睡眠時間というものはありません。

8時間でも10時間でも4時間でも、人にはそれぞれにベストな睡眠時間があります。その自分にベストな睡眠時間を見つけることが大切です。

また、ベストな睡眠時間は、年齢や環境、精神状況によっても変わってきます。ベストな睡眠時間は適宜見直すことも必要です。

2　夜は早くに寝る

夜は、どうしてもすべてを悲観し、マイナス思考になり、**「悲劇のヒロイン」**になりやすいため、早く寝るべきです。
その夜だけならよいですが、翌日までその思考を引きずってしまい、その日1日「もやもや」することもあります。それだけ夜の思考はよくありません。

今の時代、夜遅くまで居酒屋がやっており、スマホやゲーム、テレビなどの楽しいことが多いので、夜更かしをしがちです。
寝る前についつい余計なことを考えてしまいます。友達や上司、後輩、恋人のひと言を思い出し、いろんなことでナーバスになります。それが睡眠を妨害します。特に失敗をした日はそのことを思い出し、「明日もダメなんじゃないだろうか」とマイナス思考になります。不安に苛まれやすい人ほど夜になると考え込んでしまうものです。

だから、少しでも早い時間帯に寝るということを徹底することによって、精神が乱れる時間、ナーバスになる時間をカットできます。僕は、寝るのが遅い時間になってしまった場合、単純な楽しいマンガ本を寝る直前に読み「ほっこり」して寝ます。そうすることで、意図的に考える時間をなくすようにしています。個人的にはマンガ効果は大きいと思っています。

3　睡眠の質を上げる

睡眠の質を上げるために、いろいろと言われていますが、「強い光を避ける」「うるさい中で寝ない」「寝る前に物を食べない」、この3つさえ守っていれば睡眠の質はものすごく上がると思います。

ただ、残念ながら、この3つを守るのはなかなか難しいといえるでしょう。

僕の場合、ついつい寝る直前にカレーライスやラーメンなどを食べてしまうこともあります。そのための3つのうち、少なくとも2つは守るようにしています。

例えば、ラーメンを食べたら携帯などを寝る直前に見るのを止めて、強い光は避けます。人間は守る条件が多くなればなるほど途中から「もうこんなん無理や」と言って、投げやりになります。その結果、全ての努力が無駄になります。そうならないようにするために条件を絞り、実行すればよいのです。それだけでも睡眠の質は上がると思います。

また、どうしても眠れないときもあります。そんなときに眠れなくて布団の中でウダウダとするのはよくありません。経験上、逆に眠れなくなります。その場合、眠くなったら布団に入る、眠くないなら布団に入らないということを大事にしてください。

4　朝の目覚めに力を入れる

朝の目覚めを意識している人は少ないようです。今はカーテンが遮光性になっているものも多いため、朝になっても部屋のなかがずっと暗いこともあります。そのようななかで、目覚まし時計の音で目覚めるから「苦痛」のなかで起きることになるのです。

僕は寝るときはカーテンを少しだけ開けて寝るようにしています。そうすることで自然の光で目覚めることができます。自然光で起きることを習慣にすることで身体が自然と起きれるようになります。

また、光があることで徐々に体が起きる準備をしているため、目覚ましもそれほど苦痛に感じません。暗闇のなかで起きるのと、自然光のなかで起きるのとは雲泥の差があります。スッキリ感がまったく違うのです。

5　適度な運動と頭を動かす

疲れているから人は寝るのです。皆さんも経験があると思いますが、体育が水泳した後はぐっすりと眠れたと思います。そしてぐっすりと寝るとすごく気持ちがいいんですよね。

もし一日中、ボーっとしていたら、体力があり余っていて、さらに脳も疲れていないため、寝る時間が短くとも大丈夫でしょう。むしろ、疲れていないため全く眠れないかもしれません。そうすると、睡眠する時間が徐々におかしくなり、徐々に心も体にも変調が表れます。

当たり前のことですが、眠るためには適度な運動と頭を働かせることは大事です。

でも、この当たり前のことができていない人が多いです。これもよく言われていることではありますが、移動中に階段を使ったり、できるだけ歩くようにしたり、頭を使うようにしましょう。それだけで変わってきます。

⏭ 良い睡眠の条件

1 自分にベストな睡眠時間を見つける

・睡眠不足は地獄への始まり

2 夜は早く寝る

・「悲劇のヒロイン」時間を避ける!!

3 睡眠の質を上げる

・強い光を避ける
・静かな環境
・直前に食べない

4 自然の光で目覚める

・カーテンを少しだけ開ける

5 適度に運動する

・体も脳も使う

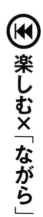

30 最強の「ながら」時間術

楽しむ×「ながら」

人生においてもっとも無駄なことは、何もしないで時間をただ過ごすことだと僕は思っています。確かに多くの人は何もしないことがラクだと思っています。けれど、何もしないでいると、それが積もり積もっていつかは爆発します。その結果、もっと面倒なことを引き起こしてしまいます。

僕は、高校3年間と浪人の1年間をとことん無駄にしました。嫌というほど無駄にしたところ、浪人2年目には地獄を見ることになりました。浪人2年目から頑張って勉強して1年で4年分の無駄を取り戻しました。最後には体調を崩して血便がでるほどでした。だから、僕の経験からも、何もしない時間というのは**地獄につながる「最悪の時間」**だと思っています。

でも、勉強するにしても、仕事をするにしても、楽しくないからあまり気が進まないということがあります。

多くの人は、人生をラクしたいのであれば、面倒なことは最初に片付けておくことの大切さは知っています。面倒が１００になる前に1の段階でやる。1の段階でも確かに面倒です。しかしそれが10になり１００になるとより面倒になります。そうなる前に片付けてしまう、それが最善の方法であることも知っているのです。


でも、行動できない。なぜなら、それは楽しくないから。


だから、僕はどうしても行動できない場合には「ながら」を大事にしています。

音楽を聴きながらだったり、テレビを見ながらだったり、友達や好きな人と電話で話しながらだったり、写真を見ながらだったりと、**自分が楽しいと思う「ながら」をして、**作業をするようにしています。これだけで結構楽しくなります。面倒なだけの作業、辛いだけの作業に楽しさがプラスされます。

しかし、「ながら」作業をするとパフォーマンスが下がるのでは？　とよく言われます。でも、最初にお伝えしたとおり、何もしないのが「最悪の時間」なので、それに比べて行動している以上、プラスになるのです。何もしないこととは全く違います。

⏮ 人間は感情的な生き物

僕は、集中したいときや、仕事のスピードを上げたい場合には、必ず音楽を聴きながら仕事をしています。それは誰にも邪魔されたくないからです。自分の世界に入った方が圧倒的に速いスピードで仕事をすることができるからです。

また、音楽を聴きながらテンションを上げて仕事をした方が圧倒的に楽しいからです。好きな曲を聴いていると嫌なこともそれほど嫌とは感じなくなります。

僕が特に好きなのは『ルパン三世』や『名探偵コナン』のテーマ曲です。この曲を聴くと「やってやろう」と思えます。また、『ＡＫＢ４８』の曲を聴くとテンションが上がり、「頑張ろう！」と思えます。

もちろん仕事中に音楽を聴くことを認めていない会社は多いと思います。けれど、僕は仕事中こそ音楽を聴くべきだと思っています。その方が仕事の効率、能率が上がるからです。なので、電話の音が聞こえる音量や、音漏れなど支障がない範囲で、僕の法律事務所では許しています。

しかし、会社や上司が認めくれない場合には休憩中に聴いたり、移動中の電車の中で聴いたりすることもできます。音楽を聴きながら仕事をする目的は、感情をうまく使うということです。

人間は感情的な生き物です。頭に来たら興奮するし、悲しいときには気持ちが落ち込みます。その感情をうまくコントロールすることができるのが音楽の力なのです。

音楽を聴くことでストレスを軽減することも、テンションを上げることもできます。音楽を聴くことは最初の動機付けとしてとても有効です。行動心理学でも「**最初の一歩が大事**」だといわれています。最初の一歩を踏み出すことができると、その後も、歩んで行くことができます。だからこそ、最初の一歩が大事なのです。

その一歩を踏み出す切っ掛けを、好きな音楽を聴くことで作り出すのです。

ＢＧＭを流している会社もありますが、それよりも個人で聴いたほうがよいと僕は思っています。音楽は人によって嗜好が大きく違います。自分の感情をコントロールするためには、自分がテンションを上げられる音楽を聴く方が効果的です。

もし、どうしても音楽を聴くことができない会社だったり、自分が音楽を聴くことが嫌な場合には、自分の好きな写真、例えば、会社のデスクに好きなアイドルの写真や自分の子どもの写真を置いたりして、それをたまに見ながら仕事をすればよいのです。

大事なことは楽しみの要素を作り、それを使いながら仕事をすると効率が上がるし、仕事も楽しくなるということです。

自分が楽しくなる最高の仕事環境

音楽を聴きながら仕事をする、というのはよくある話ですが、僕は仕事をし「ながら」、さらに他の仕事を2～3件ほどこなしています。

何だかよくわからないと思うかもしれませんが、Aの仕事をしながらBの仕事をし、さらにCやDの仕事もしているのです。僕はいつも同時に全く仕事を5～6件進めています。

これを可能にしているのは家のパソコンたちです。家にパソコンを4台、コの字型に並べ、さらにノートパソコンを置き、テレビを2つ置いています。それぞれのパソコンを起ち上げ、別々の仕事の画面を出して同時並行でしつつ、最新のニュースを確認し、自分が出演した番組を確認しています。

最初は弁護士の仕事だけでしたが、少しずつ仕事も増えて、経営者の仕事、ドラマの監修の仕事、執筆の仕事、講演会の仕事、メディアの仕事をするようになりました。さらに執筆は小説もあるため、さらに頭の切り替えが必要になってきます。

なぜ、このような「ながら」で仕事をしているのかというと、アイディアは瞬間で思いつくので、そのタイミングですぐに仕事に移れるようにするためです。また、意外に他の仕事をしている方が、アイディアが思い付きやすいというのもあります。そして、同時並行で進めるため、飽きたり、躓いたりしたら、すぐに他の仕事に移れるので最高の時短になるうえに、楽しく仕事ができるようになるのです。これは僕の仕事量のなかから、苦痛をできるだけなくし、楽しくできる仕事環境を考え出した結果なのです。

もちろん、だからといって、皆さんに「パソコンを4台並べろ」というわけではありません。皆さんに伝えたいことは、**「自分が楽しくなる最高の仕事環境」**を作ろうということです。

社会人になったら、特段の事情がない限り、定年までずっと続きます。そのなかで大変なことも辛いことも、悲しいこともあります。もちろん中には、理不尽なこともあります。だからこそ「自分を中心にした楽しくなる仕事環境」を作るべきなのです。

楽しくなれば辛いことがあっても、悲しいことがあっても、続けることはできますし、働いている本人が楽しくなれば周りも楽しくなります。楽しく仕事できる環境作りが大事なのです。楽しく仕事をするために、**何かし「ながら」**、仕事をすることを検討してみてはいかがでしょうか。

⏭ 楽しむ×「ながら」

何もしなければ…

結果はゼロ

辛いことも「楽しみながら」やる

最低でもゼロ以上の結果は残せる

自分が楽しくなる
最高の仕事環境
を作る!!

31 効果的なマンガの読み方

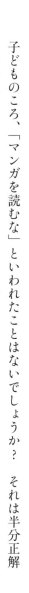

マンガのススメ

子どものころ、「マンガを読むな」といわれたことはないでしょうか？　それは半分正解で、半分間違っています。いや、正確にいえば8割は間違いです。

マンガは読んだほうがよいのです。むしろ**大人になったら読むべき**です。

大事なのは**「正しい読み方」**と**「正しいマンガの活かし方」**があるということです。

マンガは使い方次第で自分の爆発的な成長に役立ちます。マンガ＝時間の無駄、何も得るものはない、と考えるのはあまりにも愚かです。

確かにただ何も考えずにマンガを読むのは時間の無駄かもしれません。しかし、勉強しているからこそ、仕事をしているからこそマンガは生きてきます。マンガが中心ではなく、他のことをしているからこそ、マンガは黄金のように輝く存在になるといえます。

何のためにマンガを読むのか

マンガを黄金のように輝かせるためには「読む目的」をしっかりと持たなければなりません。この目的意識があるかないかで、マンガがただの紙の集合体か、人生の教科書になるのか、心を癒すための本になるか変わってきます。

マンガを癒しのために読むのか、知識や経験を得るために読むのか、モチベーションを上げるために読むのか、そういう目的意識をしっかり持って読むことが大事です。今まで無意識で読んでいたマンガを目的を意識して読むだけで、黄金のような価値が生まれ、無限の可能性が生まれてきます。

マンガは人生を楽しみながら成長させるサプリメント

僕の人生はマンガによって支えられ、マンガによって成長させられてきた、といっても過言ではありません。

マンガは子どものころから買っていました。自分の記憶のなかでは『コロコロコミック』

が最初に買ったコミック誌だと思います。そして、次に『週刊少年ジャンプ』です。当時、ちょうど『ドラゴンボール』がフリーザ編で、主人公である孫悟空がスーパーサイヤ人になっていたかと思います。『燃えるお兄さん』『幽遊白書』などが連載していました。そして、小学校高学年か中学生になったときに『週刊少年マガジン』を読み始めました。今でも、仕事の合間に読んでいることを考えると、本当にずっと読んでいますね（苦笑）。

自分の人生の節目には必ずマンガの存在がありました。

大学入試に落ちたとき、彼女に振られたとき、本当に辛かったときには『週刊少年ジャンプ』に癒され、大学入試で二浪をしたときには同じく二浪しながらも東京大学を目指すマンガ『ラブひな』を何度も何度も読みながら勇気付けられ、司法試験を目指していた時には、落ちこぼれの医者がゴッドハンドを目指す『ゴッドハンド輝』や、将棋の世界の厳しさを描きながらもほっこりする『3月のライオン』を読み、登場人物たちに負けたくないと思いながら自分を奮い立たせ、モチベーションを上げて司法試験の勉強をしていました。

今では法律事務所の経営者をしていますが、『島耕作』シリーズからは、ビジネスの姿勢やノウハウ、『キングダム』からは、リーダーとしての覚悟や戦略の重要性について刺激を受けています。そして、全ての時代を通じて『NARUTO』からは自分の信念を貫くこと、夢を語ることの重要性を学びました。

このように僕は常にマンガから癒しも、モチベーションも得て、さらに社会人として経営者として、人間として大切なものを学びました。

マンガを読むことが苦痛であるという人もいるかもしれませんが、多くの人にとってマンガは楽しいものであり、自分の人生を豊かに成長させる**サプリメント**だと思います。

マンガから自分の夢を

思えば僕が弁護士を目指したきっかけの一つが『るろうに剣心』に出会ったことです。初めて読んだのは、小学校高学年だったと思います。その時の衝撃は今でも忘れません。何度も何度も読み返し、いまでも実家に戻れば、『るろうに剣心』が表紙だった『週刊少年ジャンプ』がまだ置いてあるくらい大好きなマンガのひとつです。

『るろうに剣心』は明治時代の話です。主人公である剣心は、過去に「人斬り抜刀斎」と呼ばれ、恐れられていました。しかし、幕末から明治になり、剣心は人斬りを止め、人を斬らずに「自分の目の届く範囲の人たちを救う」ことを信条にいろいろな人たちを守っていきます。このマンガを読んだとき、子ども心に「自分も人を守れるような存在になりたい」と強く思い、そして時がたち、そういった思いを抱きながら、将来を悩んでいるとき、大学3年生で法律を知り、僕は「法律」で人を救いたいと思うようになったのです。
　このようにマンガをきっかけに夢を描き、夢を実現することもできます。

まだまだマンガから学べる

　マンガはほんとにはいろんなことを示唆してくれます。それを人生に役立てる、ということはとても大事です。マンガからコミュニケーション能力や人間の心に対する共感能力、そしてリーダーシップ、そして人間の真理も学べます
『鬼門街』や『ウロボロス』からは、人間の心の闇や復讐心を疑似体験することができます。
また、恋愛マンガからは、男女の心の変化や心のすれ違い、デートの方法を含めて、疑似恋愛までできます。子どものころ、『こどものおもちゃ』や『ママレードボーイ』を見てせつない気持ちになったり、ドキドキしたりしたものです。
　疑似体験は**自分の人生を豊か**にしてくれます。

　また、歴史マンガからは歴史を、さまざまな地方を舞台にしたマンガからは地方文化を、専門職を主人公にしたマンガからは専門的な仕事の知識などが学べます。『ドラゴン桜』からは勉強の方法を学びました。

ジャンルにこだわらずいろいろなマンガを読めば、それだけ人生を深いものにしてくれます。僕はどれだけ忙しくとも、マンガを読む時間は確保しています。マンガから癒しとモチベーションアップ、学びを得ています。まさに「一石三鳥」ですね。

⏮ 自分のベストオブベストのマンガを

マンガの良いところは、読むスピードをコントロールできる、という点にあります。速く読もうとすれば速く読めるし、じっくり読みたいと思えばじっくり読めます。好きなシーンだけを選んで読むこともできます。移動時間でも、寝る前でも、場所を選ばずに気軽に読める点も素晴らしいと思います。

確かにマンガをただ読むだけなら意味はないかもしれません。でも、読む目的をはっきりし、それを実生活に活かすことができれば、マンガは人生にとって大きな楽しさをもたらし、様々な場面で役に立ってくれます。

ぜひとも、人生のバイブルになるような「**あなただけのマンガ**」を見つけてください。

⏭ 効果的なマンガの読み方

1 目的を持って読む

- 癒しか？　知識を得るのか？
- モチベーションを上げる為か？

2 自分の夢とリンクさせて読む

- マンガの成長物語に自分をダブらせる
- 挫折をどう乗り越えるのか

3 コミュニケーション能力を学ぶ

- 他人の心に気づく
- 気にいったセリフを覚える

4 リーダーシップを学ぶ

- 主人公は逆境にどう立ち向かう
- 周囲をひき込む行動とは？

32 たくさん遊ぶ。とにかく遊ぶ。中途半端はダメ

人生は遊び

僕は**人生の大半は遊び**だと思っています。遊びがない人生は、ひどくつまらないものです。人は仕事のために、お金を稼ぐためだけに生きているわけではありません。

また、仕事ばかりしていると仕事に対するモチベーションは下がります。さらに、無理をしてまで仕事をすると、最悪、命を縮めることもあります。

日本人のまとまった休みは、年始年末かゴールデンウイークくらいだと思います。それ以外は、通常の休みはあっても、長期休暇はありません。会社によっては有給休暇を取得しにくい会社もあるのが現実です。これではやはり疲れてしまいます。

日頃の仕事の濃縮度を上げて、休むときはしっかり休む。欧米ではよくあるスタイルの方

が効率的だと、僕は思っています。
「遊び」があるから人生は楽しく面白いのです。遊びがあるからこそ日常の仕事を能率的にこなすことができるのです。会社も社員の遊びをもっと推奨すべきだと思っています。

弁護士業界で有名なある先生は土日も働いているといいます。でも、1年に1回、数週間の休暇を取るのだそうです。遊ぶために一生懸命に仕事をして、遊ぶときは海外に旅行して徹底的に遊ぶとのことです。

もちろん現実問題として、普通の社会人が数週間も休みを取ることは出来ません。僕自身も数週間も休むことはできません。せいぜい数日レベルです。でも、その数日を徹底して遊ぶのです。

徹底して遊ぶ、というのは、別に海外旅行に行くとか、そういうことではありません。家の中でダラダラするでもよいと思っています。僕は外出するとすぐに疲れるタイプなので、基本的には、数日の休暇があれば、家で映画を見たり、マンガを読んだり、徹底してゴロゴロします。

この徹底してゴロゴロすることが大事なのです。

旅行に行く人は、徹底して旅行先で遊ぶことが大事です。このときに重要なのは、中途半端に遊ばないことです。中途半端な遊びはモヤモヤしてすっきりしません。中途半端なことをすると逆に疲れが溜まったり、後悔が生じてしまったりして、その後の仕事に大きな影響を与えます。だから、徹底して遊ぶのです。

遊びには中途半端な遊びはいりません。

⏮ 遊べないんじゃなくて遊ぶための努力をしろ

僕は弁護士として「遊ばない人」をたくさん見てきました。そういう人たちは間違いなく、心も身体も疲れ切っています。その顔には覇気もなく、目の下にはクマができ、会話も上手く成立しません。

もちろん一生懸命頑張ることは否定しません。それは、大きくいえば人類の発展のためには不可欠なことでしょう。

でも、遊ばないでずっと頑張れる人なんてごく少数です。

遊ばない人に対して「遊びましょう」と伝えると、皆さんを口をそろえて「遊びたいけど、遊ぶ時間がない」と言います。僕はそういう人たちには「**遊ぶための努力をしろ**」と言います。仕事を一生懸命やるだけではなく、周りにお願いして仕事を分担をしてもらったり、休ませない会社なら転職活動をするなり、遊ぶための努力をして欲しいのです。何かを背負っていたり、責任感が強かったり、頑張り過ぎて自分の世界に入っている人には、なかなか声が届かないのですが、声を大きくして言いたいです。

「遊べない」ではなく、遊べるように努力をしてください。

「遊ぶ」＝「悪」ではありません。

日本の頑張っている社会人は、遊びというものを大事にしていない人が多過ぎます。

遊びのなかにでこそ、新しいアイディアが生まれ、人間力が磨かれ、自分の人間的な成長にプラスになります。

遊びは仕事も人生にも生かせます。徹底して遊ぶと「これだけ遊べるんだったら、また仕事をしよう」という人生の好循環が生まれてきます。遊びが仕事や人生を充実させるのです。

だからこそ、無理にでも遊んで欲しいと思っています。

⏮ 刺激的な遊びをする

特に僕が推奨したいのは「刺激的な遊びをする」ということです。

今までやったことのない遊びをする、行ったことのない場所に旅行する、今までとは違うジャンルの本を読んだり、映画を見たりする。

今までは異なる体験をすることで人間の脳は活性化し、新しい回路が生まれます。それが新しいアイディアを生み出すことにつながり、自分自身の成長、ビジネスの成長へと発展していくのです。

大人になると、気づいたらいつも同じ遊びや行動ばかりをしてしまいます。それは、仕事にストレスが多いため、遊びに「刺激」よりも「癒し」を求め、安心や安定を求めるからかもしれません。

確かに新しい経験は癒しとは真逆であり、ストレスを伴う可能性もあります。だったら無理をしないで、いつもと同じ行動した方がよいと判断をするのかもしれません。

でも、1年のどこを切り取っても同じ行動ばかりになってしまうと毎日が退屈で、つまらなく感じてしまいます。たまには刺激も求めないと、自分の成長にはつながりません。ルーティンの遊びでは、癒されはしても、成長にはならないのです。

刺激が人を成長させます。成長したい、人生を再構築したいのであれば、新しいアイディアを生みだせるような、新しい刺激のある遊びをした方がよいのです。

遊びという自動車があるとしたら、癒しと刺激という両輪が必要です。癒しの遊びと刺激的な遊びのバランスを大事にしましょう。

⏭ 遊ぶための努力をしよう

「遊びたいけど時間がない」

↓

遊ぶための努力をする

- 仕事を分担してもらう
- お金で時間を買う
- 最初に遊ぶ日にちを決めて
それに合わせて仕事をする
- 休めない会社は辞める
- 遊びの約束は必ず守る

……

そして遊ぶ時はとことん遊ぶ!!

33 楽しくない時間は過ごさない

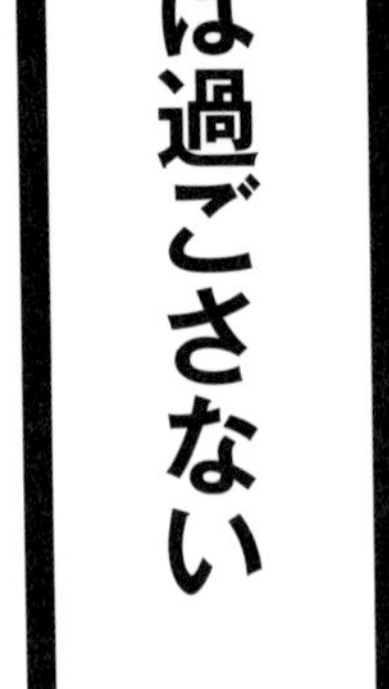

楽しい人生と楽しくない人生、どちらがよいのか聞かれたら、ほぼ１００％の人が、楽しい時間を選択すると思います。

「石の上にも3年」という言葉があります。継続して努力を続ける辛い時間が自分を成長させることになるとは思います。でも、過度に自分を追い込み過ぎると、無理が変な方向で爆発するか、身体を悪くするだけです。

読者の皆さんは、アメリカの大統領の任期前の写真と任期後の写真を見たことがあるでしょうか。たった4年で驚くほど老化しています。無理をすると老化を早めるのです。

誰しも辛い時間は避けたいものです。楽しくない時間は苦痛を感じるし、長く感じます。辛い時間を楽しめる、辛い時間を耐えた先にメリットがある、というのならよいのです。でも、辛いだけ、嫌なだけなら、その時間は無駄です。もはや拷問です。

だったら、**そこから逃げましょう**。ここ数年でブラック企業という言葉が普通になってきましたが、ブラック企業を当たり前にしてはいけません。弁護士として労働事件をしていると自殺する労働者もいます。そうなる前に全てから逃げましょう。

もちろん、少し嫌なことがあったからといって逃げてばかりでは何の成長にもなりません。それはただの「怠けもの」です。我慢できる苦痛の先に成長があるなら、頑張ることも大事です。ただし、苦痛な時間を受け入れるなら、それを楽しい時間にする努力はしましょう。音楽を聴きながら、写真を見ながら、といった工夫をすることが大事です。辛い時間をただの辛い時間として受け入れることは止めてください。

よいムチャと悪いムチャ

世の中には、よいムチャと悪いムチャがあります。

悪いムチャというのは、**心も身体もボロボロになるムチャ**のことをいいます。悪いムチャを続けると、極端な例では過労死や自殺へとつながるのだと思います。

そして、よいムチャというのは、**心や身体が疲れていても、「ワクワクドキドキしているから、まだまだ頑張れる」と思えるムチャ**です。

僕は相談者や依頼者、そして自分の法律事務所内で弁護士や従業員たちにはよく「悪いムチャは絶対にしてはいけない」と言います。悪いムチャは弊害しかないからです。

近江商人の言葉に、自分（売り手）良し、相手（買い手）良し、世間良しという「三方良し」がありますが、悪いムチャは、自分悪し、会社悪し、世間悪しという「三方悪し」です。人間は「やりたくない、帰りたい。でも、やらないといけない」と義務感を感じ始めると、心身ともに疲労が蓄積され、いつものパフォーマンスが一切発揮されなくなってしまいます。それどころか自分にも会社にも周りにもマイナスの影響を与えるようになります。

でも、よいムチャはとことんやるべきです。よいムチャをしているときの人間は、驚くほど輝いています。脳が興奮状態になっているせいもあるのか、普段の数倍のパフォーマンスを発揮します。そして、大きな結果をもたらします。**まるで人気ゲームの『マリオ』でマリオがスター（星）を手に入れ、無敵になっているのと同じ状態**です。

逃げる人生と逃げない人生のどっちが悪夢なのか？

僕は、昔から「嫌だ」と思ったら逃げるのがとにかく早いです。昔に比べたら我慢強くなりましたが、それでも基本的に「逃亡」するのが得意です。なぜなら、どうせ嫌々やってもよい結果は出ない、自分のパフォーマンスが発揮されない、自分の生きる道はここではない、と思っているからです。

かつて逃げられなかったのは司法修習中の某研修だけです。弁護士になるためにしかたなく受けましたが、たった2か月が苦痛の最たるものでした。そしてその結果、待っていたのは最悪な結果だけでした。このときに僕は「悪い我慢は害悪しかない」と初めて思いました。

逃げる人生と逃げない人生、どっちが悪夢か？

僕にとっては間違いなく、逃げない人生のほうが悪夢です。逃げた人生はよい結果になっています。**最後に逃げるのは「自分勝手」ではありません**。もっとも、逃げるためにはいくつかの段階があります。先ほど、お伝えしたとおり、少しの嫌なことで逃げるのは「怠けもの」であり、愚の骨頂です。

逃げるためには、

第一段階　辛い理由を考え、対策をする

例えば、嫌な人間がいるから辛いのなら、その人と関わらない仕事をする、その人を無視する、視界に入れないようにします。

第二段階　辛い時間を楽しくする努力をする

でも、その人が上司の場合、基本的には避けることはできません。その場合、何か楽しいことがないか、面白いことはないかと探します。

僕は好きな人を見つける、音楽を聴きながら仕事をする、仲のいい同僚を作り、休憩中に雑談等をします。または、仕事のなかに楽しさを見つけ、それを追求します。

第三段階　最後は逃亡

それでも耐えられず「もうあかん、無理」だと思ったら、我慢しないで全力で逃げる準備に入ります。しかし、ブラック企業に勤めている人ほど逃げるということをしません。けれど、転職して次の人生を探した方が、人生の時間の無駄遣いを避けることができるのです。つまり、損して得取れ、の発想です。

ただ、逃げる方法には注意が必要です。緊急事態の場合は、すぐに逃げてもよいと思っていますが、原則は引継ぎをしたり、他の人や会社に迷惑をかけないようにしたりして、無責任にならないことです。逃亡には「逃亡のルール」があることは忘れないでください。

僕の好きな言葉にヘレン・ケラーの「幸せの一つの扉が閉じると、別の扉が開く」というものがあります。その扉がダメなら別の扉が開きます。逃げるための準備をすることでもうひとつの扉が見えてきます。まだ扉が見えなくとも、逃げれば、もうひとつの扉が現れます。それが人生なのです。

悪いムチャから良いムチャへ

悪いムチャ

やりたくない仕事
心も身体もボロボロに

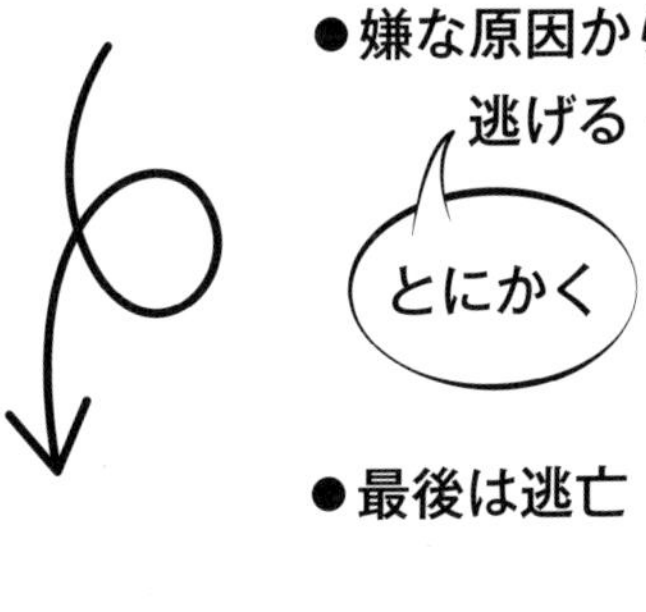

- 嫌な原因から
  逃げる・遠ざかる

- 最後は逃亡

良いムチャ

ワクワクドキドキする仕事
次の日も頑張ろうと思えるもの

34 楽しく生きるために

やりたいことを全力でする

「昨日の自分より成長する」。僕はこの意識を大事にしています。

昨日の自分より後退するのではなく、昨日の自分より前進する気持ちで生きています。

僕はよく人に「社会人になって成長した？」と聞きます。そのときに「自分ではわからない」という人がいます。もちろん謙遜もあるかと思います。でも、それが本心の場合はダメです。はっきりと「成長できた」と言えるようにしなければなりません。

成長するということは、『ドラゴンクエスト』や『ファイナルファンタジー』で言うなら、自分のレベルが上がるということです。レベルが上がれば上がるほど、できることも増え、ストレスも軽減され、人生も楽しくになります。

僕の好きな言葉のひとつに「**自分で自分の限界を決めない**」という言葉があります。もう誰が言ったかも忘れましたが、僕は自分の限界を決めず、全力を出し切ることを考えます。それは仕事だけではなく、遊びも人との付き合いもそうです。

全力を出し切ることで、自分の可能性を広げ、自分の経験値を高めることを考えます。それが自分の成長につながるのです。

成長するためには「全力」を出し切ることが大事です。しかし、常に全力では疲れるだけなので、全力は1日に数回で問題ありません。

ただし、これはたまにでよいですが「仕事をし過ぎた」「遊び過ぎた」という「**やり過ぎ感**」も大事にしてください。やり過ぎるときに感じる爽快感やスッキリ感が、次の日の新しい一歩を踏み出す活力になります。睡眠も心地よくなります。

僕の場合、本当にたまにですが「ラーメンを食べ過ぎる」「ラーメンににんにくを入れ過ぎる」など、プチやり過ぎをして、ストレスを発散させ、気持ちをリフレッシュさせています。

確かに、やり過ぎて失敗することもあります。しかし、それでも自分のなかで「やり切った」という満足感が得られます。そして何より、アドベンチャー心も刺激され、人生が楽しくなります。

⏮ 一番大事なことをはっきりさせる

生きていると、仕事をしていると、いろいろとしなければならないことがたくさんあります。一人暮らしをしていると洗濯もそうですが、日常品を買いに行くこともそうです。結婚していたり、子どもがいたりする場合は、一緒に買い物に行ったり、遊んだりすることも大事です。

本当は全てを同時にできたらよいのですが、忍者みたく分身もできないし、マンガ『パーマン』に出てくるコピーロボットもないため、同時進行はできません。

やらなければならないことが多いと人間は大きなストレスを抱えます。私もそうです。常にしなければならないことに追われていますが、それが溜まっていくとものすごいストレスになり、徐々に心が折れかかります（苦笑）。

では、そうならないためにはどうしたらよいのでしょうか。それは、**自分の行動に全て優先順位を決め、それを徹底的に守り行動する**、ということです。

「当たり前でしょ」と思った読者も多いと思いますが、驚くほど、日ごろから優先順位を決めて行動している人はいません。そして、優先順位を立てる方法がわからない人も多いといいます。

基本的には、自分にとって何がメリットになるのか、何が大切なのか、という目的を明確にして組み立ててください。目的によって優先順位が変わるのは当たり前です。

家族が大切な場合には家族を中心にした優先順位を組み立て、恋人が大事なら恋人を中心にした優先順位をつくるべきです。

そして、その優先順位は毎日、毎週、毎月で変わってもよいと思います。

⏮ タイミングを大事にする

僕は1日単位で優先順位を決めています。例えば、本を執筆している日は本の執筆を最優先にして、緊急対応以外の他の連絡や仕事の優先順位は下げています。友達へのＬｉｎｅの返信などは一番低くしています。

また、優先順位は、**朝起きたときの「心と身体の調子」によっても変わってもよい**と思います。体調が悪ければ、たとえ仕事が忙しくとも癒しを優先順位の上に持ってくるべきです。

僕自身も1日のスケジュールの優先順位を、朝起きたときの体調とモチベーションで決めることもあります。

僕はものすごく「タイミング」を大事にしています。生きているといろいろなタイミングがあるはずです。タイミングが合わず、チャンスをものにできないこともあれば、逆に、タイミングがよくて大成功することもあります。

僕は、その日のモチベーション、心や身体の調子、周りの環境を見て「ここだ！」というタイミングで勝負を仕掛けるようにしています。

そのため、一見して大きなチャンスでも「タイミングでない」と思ったら見送ります。それは過去の経験上、タイミングじゃないのに誘惑に負けて仕掛けてしまうと、大きな失敗や、損失を生むことになることもあると知っているからです。「今はタイミングではない」と思ったなら待つことも大事です。

チャンスは必ず巡ってきます。それを上手く掴むのです。そのタイミングはしっかりと意識として持っていて欲しいと思います。無理矢理に掴みにいかないことが大事です。

⏭ 楽しく生きるには

全力を出し切る

- 全力で取り組むことで自分のレベルが上がる
- 時にやり過ぎと思えるほどやる

優先順位を決める

- 自分にとって何が大切か、何がメリットか明確に
- 優先順位に従って行動する
- 優先順位は毎日変わってもよい

タイミングを大事に

- 心や身体の調子に気づく
- タイミングでない時は待つ

35 鈍感力を鍛える

だって人間だもの

世の中の多くの人は他人の気持ちに振り回され過ぎて、「あの人はなぜ、怒っているんだろう」「なぜ、僕に対して敵対心を持っているんだろう」などと悩み、自分の大切な労力や時間を無駄にしています。

そんな他人の気持ちは無視すればいいのです。しかし、無視したくとも全てを無視できるものでもありません。そのときに大事なってくるのは、他人の言動や感情、モチベーションを意識しないようにする「**鈍感力**」です。

僕は弁護士として、経営者として、常に数多くの人と仕事をしているため、他人の感情やモチベーション、言動に振り回されることが本当に多くあります。そのためとても悩み、苦しんだこともありました。

「なぜ、この人は笑顔じゃないんだろう」「なぜ、この人はこんなにも怒っているんだろう」「なぜ、この人は何度も同じことを言わせるんだろう」「なぜ、この人は、平気で人が傷つくことを言うんだろう」……。

他人の感情が自分の感情を蝕んでいくのです。自分の心が疲弊して食いつぶされてしまいます。その結果、僕の髪の毛は両サイドが真っ白になりました。でも、その代わり、僕が手に入れた力が「鈍感力」です。

人の言動等について、気にしない、どうでもよいと思うことで鈍感力が身につき、まったく気にならなくなります。何かあっても、心の中で**「だって人間だもの」**と呟くようにしています。


僕にとってこれが魔法の言葉です。これを心の中でつぶやくことで、人の言動等を意識しないようにします。

あえて読む必要がない空気まで読む必要性はありません。つまり、わかっていてもあえて空気を読まない、わざと鈍感になるということです。

「あの人は天然だね。鈍感だね」と他人に言われるくらいが丁度よいのです。

ただし、本当に空気が読めない人、鈍感な人は周りに迷惑をかけるだけです。大事なのは、わかっていながら鈍感になることです。

もし相手を怒らせても、怒り続けるためには、かなり体力が必要であるため、そのうち勝手に機嫌が直ります。また、本当は謝りたいけれど、自分のプライドが邪魔をして謝罪できない人もいます。そういう人にはこちらから話しかけて「きっかけ」を作ってあげましょう。

怪物と戦おうとしてはならない

僕は他人の気持ちを当事者化しないことも大事にしています。「何か怒っているな」「機嫌が悪そうだな」だと思っても、出来るだけ共感し過ぎないように努めます。

哲学者のニーチェの言葉に「**怪物と戦う者は自らも怪物とならないように気を付けねばならない。汝が深淵を覗き込むとき、深淵もまた汝を覗き込んでいるのだ**」というものがあります。あなたが人の気持ちと対峙するとき、あなた自身がその気持ちに引っ張られないように気をつけなさい、ということです。

僕は弁護士として、多くの人の相談を受けて、相談者を守るため、相手方の立場になって考えますが、当事者化は出来るだけしないようにしています。

それは、共感し過ぎて、当事者化してしまうと、自分の気持ちを持って行かれ、冷静な判断ができなくなり、さらにもし、救えなかった場合には、「なぜ、救えなかったんだろう。自分が悪い」と落ち込み、気がつくと闇に落ちることがあるからです。


人は「自分の考えていることと自分の行動」が一致していない場合が多くあります。人間は元来、天邪鬼みたいなところがあるのです。また、環境や立場が異なれば、主張も変わります。自分の利益が満足された瞬間から他者に厳しくなる人もいます。


そのような人間の気持ちを過度に考えても、**感情の迷路**に入るだけです。

人は太古から人の気持ちについて悩んできました。ソクラテスやアリストテレスも考えていました。そんな哲学者でも答えの出なかったことに、僕たちが考えて答えが出るわけがありません。答えのないものに答えを探すというのは時間がもったいないです。

よくわからない人間の気持ちを考える時間があるなら、もっと楽しく生きるためにどうしたらよいのかを考えるほうが大事といえます。

⏭ 鈍感力を鍛える

自分自身を保ち
幸せに生きる方策に気持ち
を傾ける

あとがき

「生きることを楽しんで欲しい」

これが本書に込められた僕の想いです。このあとがきは何の運命か、3月11日に書かせてもらっています。東日本大震災から6年——。

僕は宮城県の石巻生まれです。震災で実家は流され、大好きだった祖母や叔母をはじめ、親しかった多くの方々を亡くしました。そんな、大切な人たちを失って、初めて考えたことがあります。

それは「自分の死」についてです。

『僕はこれからどのように生きて死ぬんだろう』。当然ながら、答えは出ませんでした。でも、ひとつだけ思ったのは「笑顔で生きて、笑顔で死にたい」ということです。これが「最高の生き方」ではないかと思っています。

僕は弁護士として多くの労働事件や債務整理事件の相談を受けてきました。

仕事で結果が出ず、給与が上がらず、借金だけが増えていった。人間関係が上手くいかなくて仕事を辞めたい、仕事が辛くて逃げたい、死にたいなど、本当にいろいろな相談を受けてきました。弁護士のところに相談にくるのですから当然ですが、相談者の皆さんは「笑顔で生きている」とは決して言えない状況でした。

そんな多くの相談を受けるなかで思ったのは「仕事の方法」の改善です。

本書でも書きましたが、仕事のなかに人生があるのではありません。人生のなかに仕事があるのです。

本書を通して、読者の皆さんに、笑顔で生きるために、もっとラクして、もっと楽しみながら仕事をして、結果を出すことができる「仕事の方法」があることを知って欲しいと思い執筆しました。

仕事も、スポーツや勉強などと一緒で、結果を出すための「方法」は必ずあります。人生のほとんどは仕事に費やすと言っても過言ではありません。20歳前後で就職し、定年まで働くと考えると40年以上が仕事の人生です。その長い時間、関わる仕事に対して、いかにラクするのか、いかに楽しむのかを真剣に考えることもすごく大事です。

人生は一度しかありません。「こうならなければならない」といった杓子定規のような考え方は止めて、もっとラクして、もっと楽しみながら仕事をしましょう。読者の一人一人が笑顔で仕事ができるようになれば、皆さんの大切な人や、周りの人も笑顔になります。

そして、皆さんの笑顔ひとつひとつが、大きな笑顔を作り、世の中から生まれてくる多くの不幸を消してくれるでしょう。本書を読まれることで「笑顔の連鎖」が生まれることを祈っております。

最後になりましたが、本書を出版するきっかけを作ってくださった出口汪先生、そして僕に本当に自由に書かせて頂いた編集者の瀬戸起彦さん、乱暴な僕の文章を本当に綺麗に、かつ美しくまとめて頂いたライターの大橋博之さん、執筆中に支えてくれたレイ法律事務所の各弁護士、各従業員には心から感謝をいたします。

２０１７年3月11日　佐藤大和

参考文献

『まんがで身につくランチェスター戦略』名和田竜著　深夜ジュンまんが（あさ出版）
『ハーバード流ＮＯと言わせない交渉術』ウィリアム・ユーリー著　斎藤精一郎訳（三笠書房）
『鈴木敏文がやっている「お客様心理」の読み方』伊藤豊著（こう書房）
『任せ方の教科書』出口治明著（角川書店）
『ニーチェ全集〈11〉善悪の彼岸　道徳の系譜』フリードリッヒ・ニーチェ著（筑摩書房）
『最高の戦略教科書／孫氏』守屋淳著（日本経済新聞出版社）
『超一流アスリートのマインドを身につけてあなたのゴールを達成する！』菊池教泰著（開拓社）

▶▶ 著者プロフィール

佐藤大和（さとう・やまと）

レイ法律事務所代表弁護士（東京弁護士会所属）
「芸能人の権利を守る 日本エンターテイナーライツ協会」共同代表理事
日本弁護士連合会「市民のための法教育委員会」所属。
1983年生まれ。宮城県石巻市出身。高校時代、偏差値30の学年ビリ、金髪の中途半端な落ちこぼれになるも、2浪の末入学した三重大学で勉強に目覚め、2009年の司法試験に1回目で合格。14年4月、レイ法律事務所を設立し、経営者弁護士として、2016年1月には国内の法律事務所でTOP 5%以内の事務所規模に成長させる。フジテレビ「バイキング」のコメンテーターのほか、NHK Eテレ「Rの法則」、TBS「NEWSな2人」などに出演。テレビ朝日「緊急取調室」「グッドパートナー 無敵の弁護士」など数多くの人気ドラマの法律監修も手掛ける。主な著書に『ずるい暗記術 偏差値30から司法試験に一発合格できた勉強法』『ずるい勉強法 エリートを出し抜くたった1つの方法』（共にダイヤモンド社）。全国の教育機関・企業にて「エンタメ×法教育」「コミュニケーション×法律」で講演をし、ニューヨークタイムズ、スウェーデンの新聞社など海外からも取材も受けるマルチ弁護士として活躍中。

超楽仕事術《スーパーらく》

ラクに速く最高の結果を出す「新しい働き方」

2017年5月15日　初版第1刷発行
2017年6月 1 日　　　第3刷発行

著　者　佐藤大和
発行人　出口 汪
発行所　株式会社 水王舎
東京都新宿区西新宿 6-15-1
ラ・トゥール新宿 511　〒160-0023
電話 03-5909-8920

本文印刷　大日本印刷
カバー印刷　歩プロセス
製　本　ナショナル製本
ブックデザイン　福田和雄（FUKUDA DESIGN）
編集協力　大橋博之
編集統括　瀬戸起彦（水王舎）

ISBN 978-4-86470-072-6

好評発売中!

出口 汪の

「最強!」の記憶術

出口 汪・著

「頭が悪い」なんてもう言わせない!

脳科学による世界一無理のない勉強法を一挙公開!

簡単に読めて“理にかなった記憶術”がマスターできる1冊。本書を実践することで、ビジネスや勉強の現場で何よりも頼りになる「武器」を手に入れることができます!
イラストには『アニメで分かる心療内科』シリーズで大人気のソウ氏を起用。
読むだけでグングン頭が良くなる「勉強法」の決定版!

定価(本体1200円+税)　ISBN978-4-86470-021-4

水王舎

好評発売中!

出口 汪の

「最強!」の書く技術

出口 汪・著

「わかりづらい…」なんて言わせない!

情報発信時代に必須の「文章のコツ」を大公開!

「記憶術」に続き「書く技術」について出口先生がわかりやすく講義! 企画書、メール、SNSと「書く」ことの多い現代社会に必須の文章力。
本書を読めば、「よく分からない」「いま一つピンとこない」というあなたの文章への評価がガラッと変わります。
読むだけでスラスラ書けるようになる「文章術」の決定版!

定価(本体1200円+税)　ISBN978-4-86470-033-7

水王舎